Sejlglæde, Fællesskab og Maritim Dannelse

Bådelaugets første sæson 2020

Bådelauget Kerteminde er dannet med det formål at skabe et aktivt fællesskab på tværs af alder og køn for kvinder og mænd fra 13 år. Maritim dannelse, samt bevarelse og formidling af klassiske bådtyper fra breddesejlsportens moderne guldalder udgør de andre formål.

Martin Anker Wiedemann

Sejlglæde, Fællesskab
og Maritim Dannelse

Bådelaugets første sæson 2020

Tidligere udgivelser af forfatteren

Med en Cirkel for Øje (2015)

Pocket Cruising & Mikroeventyr (2019)

Pocket Cruising and Micro Adventures (2020)

© 2021 Bådelauget Kerteminde

Redaktion: Martin Anker Wiedemann

Forlag: BoD – Books on Demand, København, Danmark

Tryk: BoD – Books on Demand, Norderstedt, Tyskland

ISBN: 978-87-4303-082-9

Indhold

KAPITEL 1 VI DANNER ET BÅDELAUG

KAPITEL 2 VI KØBER EN BÅD

KAPITEL 3 OVERFØRSELSSEJLADSEN TIL KERTEMINDE

KAPITEL 4 VI FÅR EN BÅD MERE TIL BÅDELAUGET: EN HURLEY 18

KAPITEL 5 LOGBOGSOPTEGNELSER FOR "RASMINE" OG "ELISABETH"

KAPITEL 6 FEEDBACK FRA MEDLEMMERNE

KAPITEL 7 BÅDELAUGET I PRESSEN

KAPITEL 8 HVAD VI LÆRTE

KAPITEL 9 UDSIGTER FOR 2021

KAPITEL 10 MASSER AF BILLEDER

1. VI DANNER ET BÅDELAUG

Kære laugsfæller,

Den 5. maj 2020 satte Lars Tjørnvig, Jens Wellejus og Martin Wiedemann sig sammen i den idylliske Odense Sejlklub med det formål at diskutere mulighederne for at etablere et bådelaug. De primære formål var at gøre det let for alle at komme ud at sejle og nyde sejlerlivets glæder med andre store drenge og piger over 13 år eller voksne kvinder og mænd.

Vi ville udvikle et fællesskab omkring en fælles interesse for at sejle og både have nogen at sejle sammen med, så man ikke behøvede sejle sin egen sø i egen båd og ensomhed men også at have nogen at lære sammen med eller af.

Omdrejningspunktet er vores passion for små tur- og familiebåde fra glasfiberbådenes guldalder i 1960'erne og 70'erne, som vi gerne vil formidle og dele med andre, så vi bevarer viden om disse både, og så de kan få en velfortjent renæssance og et nyt liv i kyndige hænder for generationerne fremover. Maritim kultur og dannelse.

Ejerlauget består i dag af syv personer: Martin Steffensen, Bjarke Schütt Jensen, Chrestina Halager Thomsen, Lars Tjørnvig, Jens Wellejus, Mikkel

Kjellberg samt Martin Anker Wiedemann. Ejerlauget udgør en stærk opbakning til bådelauget og har skudt penge, tid og både i at realisere vores vision. Og bådelauget står stærkt efter en første sæson med stor entusiasme og deltagelse fra medlemskredsen.

Lauget har i dag tre aktive skippere i form af Chrestina, Jens og Martin. Bag bådelauget står i dag mere end 200 års sejlerfaring, som skal sikre tryghed, troværdighed og tillid til egen formåen.

I den kommende sæson ser vi frem til at kunne byde velkommen til endnu mindst to-tre skippere, hvilket vil gøre, at der bliver endnu flere muligheder for at komme ud at sejle og tage på weekendture eller længere ture sammen også.

I skrivende stund har vi logget henved 600 sømil i vores to både i 2020. Ud fra devisen "man skal ikke sejle langt men sejle godt," har året budt på nogle få længere ture og en masse små gode ture på Kertemindebugten og rundt Romsø.

Elisabeth og Rasmine side by side på bro 1 i Kerteminde

2. VI KØBER EN BÅD

"Rasmine" af Vordingborg

For at komme i gang satte vi os for at kigge konkret på egnede både i den beskedne prisklasse, vi havde midler til. Da reglen gælder, at man får, hvad man betaler for, var flere af de egnede 15.0 kr.'s både en tand for ringe til vores behov. Første båd i bådelauget skulle gerne være både sejlklar og i en god stand og være med til at gøre det attraktivt at sejle sammen med os.

En dag i forsommeren dukkede Duetten Rasmine op på nettet til 30.0 kr. Den var godt nok flot på billederne og udfra ejerens beskrivelse men en anelse over vores budget. Sælger kunne dog så godt lide vores formål, at han indvilgede i at gå lidt ned i pris til 25.0 kr., som gjorde os i stand til at slå til. I ejerlauget blev lidt flere penge lagt ud, så det kunne lade sig gøre. Købt ubeset og efterfølgende fundet præcis så god som forventet. Sælgeren Mikkel Kjellberg indgik samtidig i ejerlauget og har derfor en symbolsk aktie i sin families gamle båd og muligheden for at sejle med os en gang imellem.

Mikkel Kjellberg, som i det daglige er rektor på Herlufsholm ved Næstved, overtog båden fra sin onkel fra Haderslev Hans Erik Geil, som i sin tur havde opkaldt båden efter sin oldemor Rasmine, som han var meget glad for. Siden sejlede Mikkel med sin familie i en del år båden, som onkelen havde købt fra ny i 1982. Mikkels mellemste datter blev i øvrigt døbt Rasmine efter båden, og på den måde har vores flagskib i bådelauget en både sjov og personlig historie.

Rasmine er meget velholdt om læ og fremstår på mange måder næsten som, da den var ny. Den er solid og med en meget velholdt lakeret træmast og forholdsvis gode sejl. Storsejlet er ligeså gammelt som båden, men vi har lært at få noget facon i det. Fokken og genuaen er rigtigt gode, og stormfokken er som ny.

3. OVERFØRSELSSEJLADSEN TIL KERTEMINDE

11. juni 2020

Overførselssejladsen, som på engelsk hedder en "midwifery passage," tog Lars og Jens fra ejerlauget sig af, mens Martin W. tog sig af transport og logistik. Med os havde vi en masse grej til turen og en pålidelig påhængsmotor tilhørende Lars, og på returlæsset tog Martin den gamle Johnsonmotor med tilbage, som fulgte med båden.

Det småregnede den 11. juni først på aftenen, da Lars og Jens stak til søs i mellemluft, som snart steg støt i styrke til frisk til hård vind, og de gæve gutter havde en frisk tur hjem med alt fra hård vind til let luft. Gennem natten nåede de fra Vordingborg til Kerteminde - 60 sømil på 10 timer. Med et sejlet snit på 6 knob havde båden vist, at den skam kan sejle og gør det både hurtigt og godt.

Lars Tjørnvig bærer Mr. Johnson i land forud for hjemsejladsen

4. VI FÅR EN BÅD MERE TIL BÅDELAUGET: HURLEY 18'EREN ELISABETH

Martin Wiedemann, som er en af medstifterne af bådelauget har gennem nogle år haft den lille Hurley 18, som har været lånt ud til en ung mand ved navn Alexander, som Martin sejlede med sammen med hans far og to søskende for år tilbage.

Alexander har sejlet og passet godt på Hurley'en i nogle år og ville nu gerne aflevere hende tilbage, da han ikke fik brugt båden nok.

I bådelauget kunne vi godt bruge den lille Hurley som en af de kommende nye både, så vi fik arrangeret internt at få overført båden til Kerteminde fra Køge, hvor den har haft hjemme i de sidste sæsoner.

Vores skipper og medlem af ejerlauget Chrestina var hurtig til at melde sig klar til at stå for hjemsejladsen til Kerteminde og fik Lars med på ideen om at være det andet besætningsmedlem på Hurley-ekspeditionen 2020, som vi lidt storladent har kaldt den. Men spørg selv de to, om ikke det var en udfordring og til tider ret spændende.

Martin kørte de to ekspeditionsdeltagere til Køge torsdag den 17. september 2020 og fik dem lyninstalleret ombord og fundet sejlene frem og hhv. tanket og gennet båden ud af Køge havn med Kerteminde som endemål efter en forlænget weekend og 116,5 sømil.

Den meget korte historie om båden er, at Martins yngste søn Oscar fik den idé at få sig sin egen sejlbåd efter en barndom med søsyge og fik sin storebror og far med på ideen. Da begge startede uddannelse i KBH stod Martin tilbage med ansvaret for båden og lånte den ud i to omgange, anden gang til Alexander.

Martin var dog så glad for den lille vævre havkrydser, at han ikke nænnede at sælge den, og derfor indgår den i dag i bådelaugets flåde i Kerteminde.

Find beretningen om hjemturen ved at spole fem til september i det efterfølgende kapitel med logbogsoptegnelser.

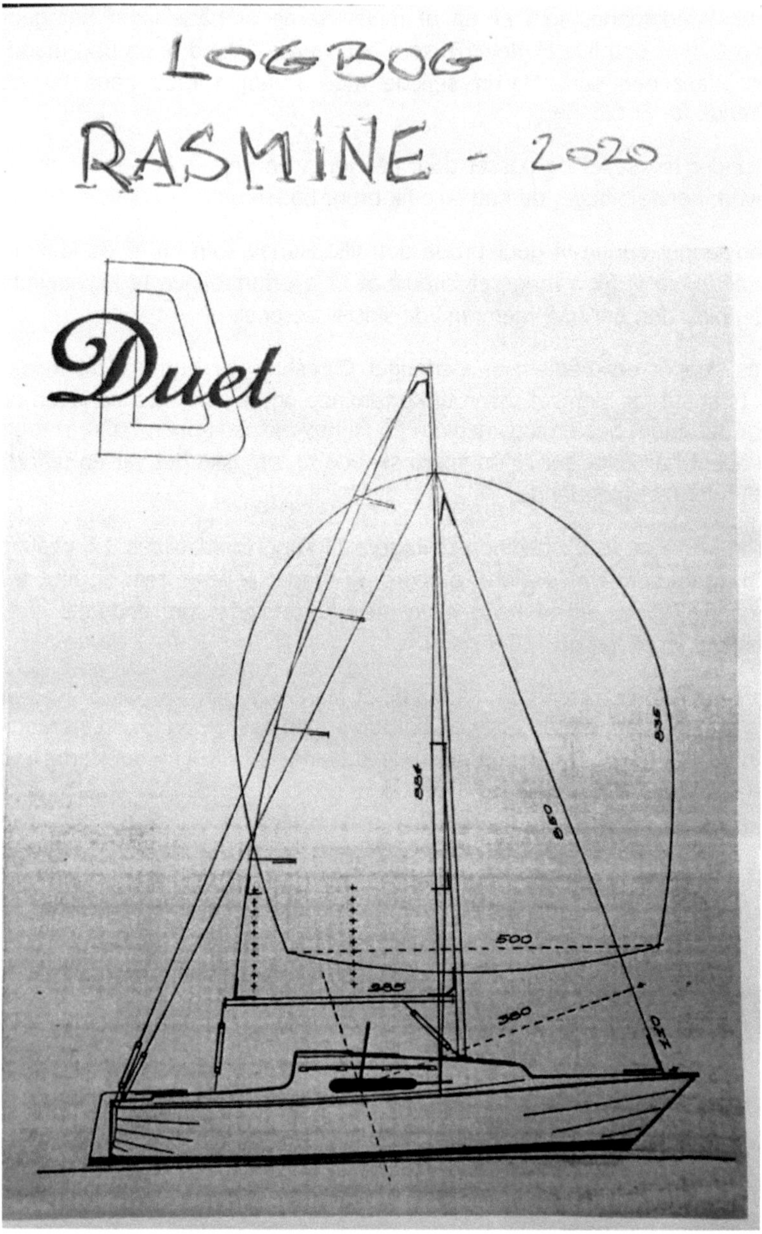
LOGBOG
RASMINE - 2020
Duet
884
835
850
500
285
380
277

LOGBOG

"ELISABETH" HURLEY 18

Indledningen til Rasmines logbog:

7. maj 2020

Det nystiftede bådelaug har dags dato købt Duet 25'eren Rasmine af Mikkel Kjellberg i kærlighed til klassiske bådtyper med det formål at gøre det nemt og sjovt at komme ud at sejle med andre i et bådfællesskab for piger og drenge, kvinder og mænd fra 13 år og op.

På ejerlaugets vegne

God vind og en fin bør - til Rasmine - og alle, der sejler med hende!

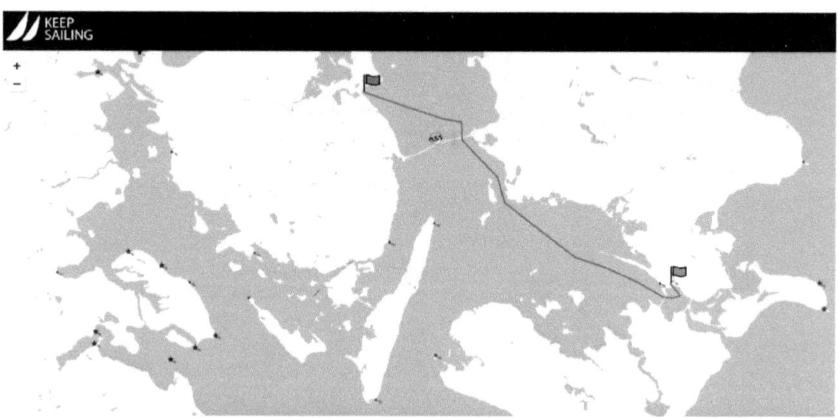

En cirka rute for hjemsejladsens 60 sømil

24. juni 2020

S/Y Rasmine. Besætning: Mads (gast), Martin W. (skipper). Udsejlet 8,3 sømil i let til jævn vind fra NØ. Afgik 17:41. Anløb KTM. 20:24. Logget i alt 68,6 sømil.

8. juli 2020

Første ufuldstændige tracking af en aftensejlads er fra den 8. juli. Keepsailing

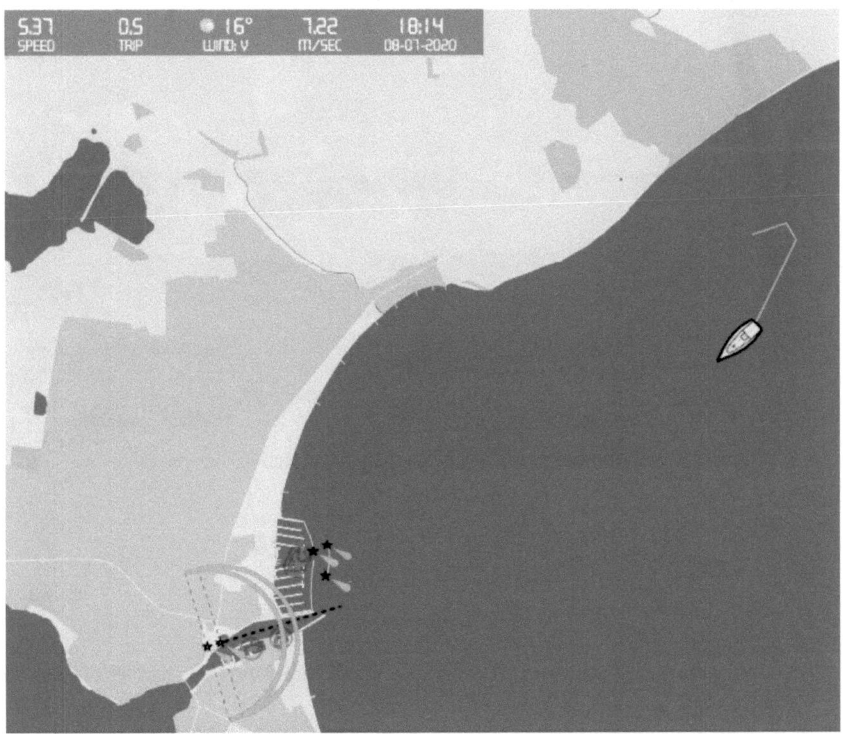

skal lige installeres ordentligt på de forskellige laugsfællers mobiltelefoner, som fungerer som trackere på turene. Men snapshottet viser en god sejlads. Mildt vejr med sol og en frisk vestenvind med god fart.

Ved at konsultere mit billedalbum på telefonen lykkedes det mig at finde frem til, at det var ved den lejlighed, at nogle af vores signaturbilleder fra sæsonen blev taget. Besætningen bestod af: Jens (skipper), Steffen, Chrestina, Mads og Marie.

9. juli 2020

S/Y Rasmine. Besætning: Chrestina, Jens og Mads B. Udsejlet 24 sømil. Kerteminde til Lundeborg.

11. juli 2020

S/Y Rasmine. Lundeborg-Kerteminde. Besætning: Chrestina, Jens og Mads B.

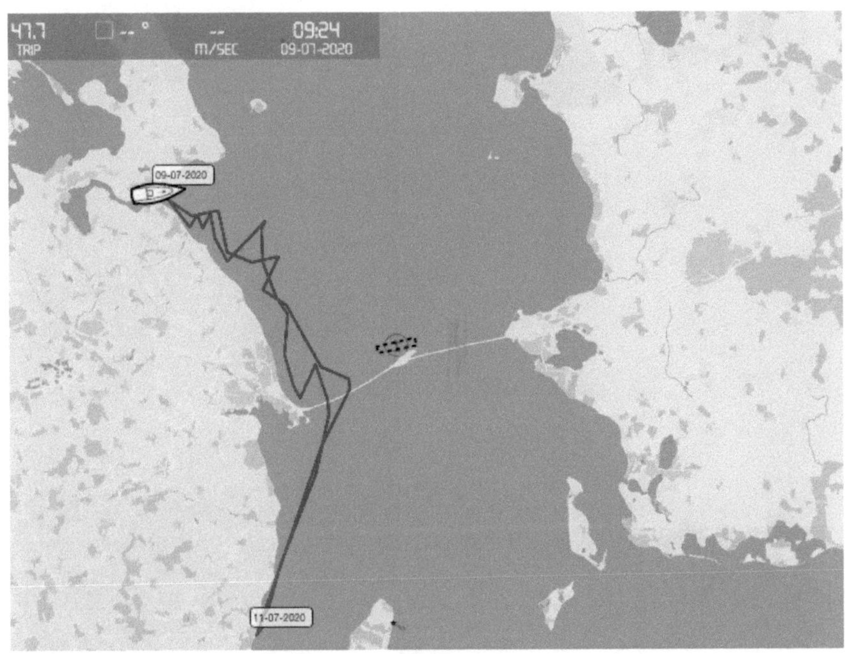

Udsejlet 30,6 sømil. 5,12 knob i gennemsnit. Frisk vind 8-12 m/s. Afgik Lundborg 8:57. Anløb Kerteminde 15:00.

Her følger Jens' turberetning i sin helhed, som han efterfølgende lagde ind i vores Messengertråd:

Kerteminde - Lundeborg og retur med Rasmine.
En herlig tur, med alt hvad man kan ønske: Kryds, dagsregn, motorreparationer og mere kryds! Med blandede vejrudsigter er planerne fra start usikre, vi afstår fra fastere planer. Blot sigter vi efter Lundeborg. Besætningen udgøres af Chrestina, Mads og Jens. Afgang fra Kerteminde, torsdag morgen den 9. juli. Mads har efterhånden opnået en vis respekt hos motoren, "Johnson." Tomgangen er ikke helt stabil, men Mads er mester i at holde et passende antal omdrejninger på maskinen. Vi kommer roligt ud fra plads 158 og lægger kursen mod syd. Sejlføring: Fuldt storsejl og genoa. Vinden er

sydøstlig og relativt let, og vi ofrer lidt af fokkens evner tæt til vinden for genoaens lidt højere hastighed. Kryds ned mod Storebælts lavbro bliver det under alle omstændigheder. I perioder med kryds næsten uden vind sniger Rasmine og vi os afsted. Vi leder efter "kattepoter," der med små krusninger i den blanke overflade afslører, hvor vinden er. Når andre sejlere nærmer sig, repeterer Chrestina vigeregler. Langsom hygge på første klasse.

Midt på eftermiddagen når vi broen. Johnson sættes i arbejde. Martin melder "Astrids" position lidt nord for broen. Vi tager resten af turen til Lundeborg for motor. Johnsons tendens til at give op ved lave omdrejninger betyder ikke meget, når vinden er fraværende. Havnen er godt fyldt, og en sejler mener, der er plads til os i den inderste del af den snegl som havnen udgør. Vi prøver stille til på to pladser. Vi fylder dog lidt rigeligt over midten. Med et stille "plop" forsvinder gearvælgerhåndtaget i havnens mudrede bund. Den lave dybgang ender med at redde os. Et par søde sejlere låner os en pagaj og vi padler os ind på den mest lavvandede plads i sneglens midte, en plads helt udenfor nummer. Martin melder, at også han anløber Lundeborg. Det bliver hyggelig fælles aftensmad for de to besætninger ved et bænkesæt i fiskeridelen af Lundeborg havn.

Fredag er vejrudsigterne uenige om mængden af regn. Regnen er de dog enige om. Vi vælger fredag formiddag at prioritere motoren og se, om vi kan lave en brugbar skiftearm til gearet. Naboen er meget imødekommende, men redningen bliver et tidligere værft med værksted på havnen. Vi modificerer et par trætte skruetrækkere til nye geararme. En mere solid reparation er på vej, men g. ararm nummer to ligger klar i samme rum som kikkerten til bagbord ved nedgangen. Johnson kører igen!

Fredag sidst på formiddagen letter regnen lidt, og vi tester regntøj, medens de lokale perler tages i øjesyn. Dejligt at være på tur med så forskelligartede kompetencer. Vi fik set det meste af Lundeborg og nåede omkring produktion af æggebakker, kællingetandens udbredelse og Momlebys sproglige oprindelse. Få ting er så vidunderlige som unødvendig viden.

Om aftenen er der hygge ombord. Mads har sørget for unødvendig forplejning, der matcher de litterært orienterede såvel som gamblernes interesse for Trivial Pursuit perfekt!

Lørdag starter smukt. Solen afslører et sommerdanmark af de flotteste. Skyerne er borte, og det lille telt over kahytsnedgangen såvel som vore håndklæder tørrer inden afgang. Havnefogeden varsler os om vind, der vil øge i løbet af dagen. Det er bare med at komme afsted. Op mod otte meter per sekund. Sejlføring bliver: Fokken og et reb i storsejlet. Vejrudsigten lovede vestlig vind, men det er nærmere nordvest. Op til broen kan vi holde direkte på det rigtige brofag. Efter broen tager vi et kryds ind under land for at komme i bølgelæ.

Da vi nærmer os kertemindebugten skal der flere kryds til. Vinden øger og fremdriften er begrænset. Vinden frisker stadig op. Til sidst beslutter vi at tage et kryds ind under bugtens sydlige kyst. Vi tager sejlene ned og sejler roligt mod Kerteminde i læ af kystens skove. På vejen sejlede vi tæt forbi de to turbøjer ved klinten ud for Lundsgaard. Et flot sted at spise sin madpakke :-)

Anløb af Kerteminde marina lørdag d. 11/7 klokken cirka 15:00. Et senere tjek af DMIs vejrobservationer siger, at vi fik 13 m/s undervejs.

Tak for en herlig tur!

Endelig sikkert dokket efter effektiv underholdende "Hafenkino"

Mads har en frivagt i forkøjen med en god bog

Afgang fra bro 1, Steffen og Chrestina
Herunder: Aftenskafning i messen

22. juli 2020

S/Y Rasmine. Sejlaften med Franziska, Chrestina, Steffen, Jens og Martin W. Udsejlet ca. 8 sømil. Tracking fejlede halvvejs.

31. juli 2020

S/Y Rasmine. Første besætning: Jens, Franzi, Chrestina og Martin W. Sejlede fra 14:24 til 16:34.

Anden besætning: Martin W., Mads og Marie. Sejlede fra 16:40 til 19:00. Udsejlet i alt 15,3 sømil. Let vind. Vinden faldt helt til sidst, og vi måtte sejle ind for motor. Vi øvede vendinger og en smule navigation. Dejlig tur med en masse sol :-)

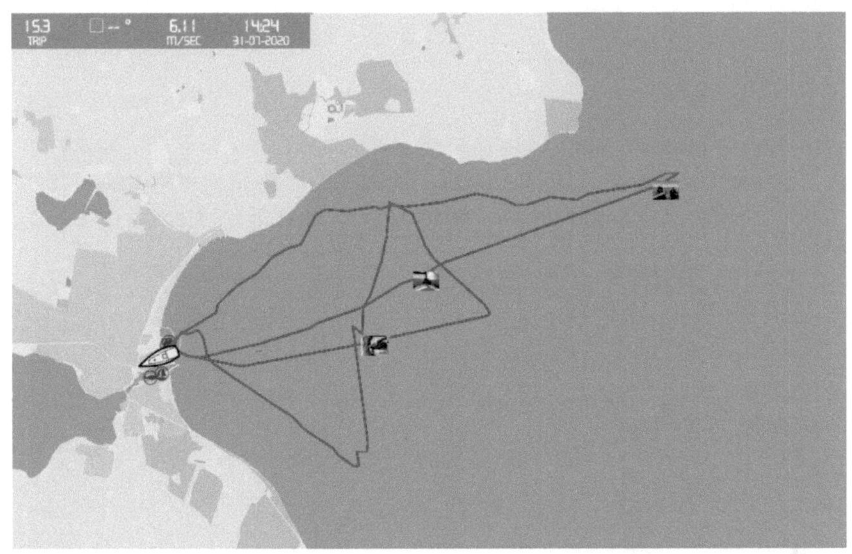

4. august 2020

S/Y Rasmine. Besætning: Louise, Steffen, Franziska og Martin W. Afgik KTM 16:45. Anløb KTM 20:30. Martin tabte spilhåndtaget i vandet :-(men har to mere derhjemme. Steffen lagde til i fin stil. Ingen tracking.

5. august 2020

S/Y Rasmine. Besætning: Chrestina og Martin W. Afgik 16:55. Anløb 19:45. Udsejlet 14,8 sømil. Chrestinas skipperprøve i 8-10 m/s vind fra V-SV. Lunt og overskyet. Reb i storsejlet og krydsfok som gangtøj. Loggede op til 9,18 knob gennem vandet :-) Droppede storsejlet og lagde til ved turbøjen ved Risingeskoven for aftenskafningen. Motorprøve og handling bestået uden anmærkninger. Chrestina er nu officielt skipper.

Under aftenskafningen bestod underholdningen i en sæl, der spiste en stor fisk samt et marsvin. Dobbelt op på federen :-) Eksemplarisk anløb i frisk vind skråt agten. Supergod tur. Og Keepsailing virkede fint. - Martin

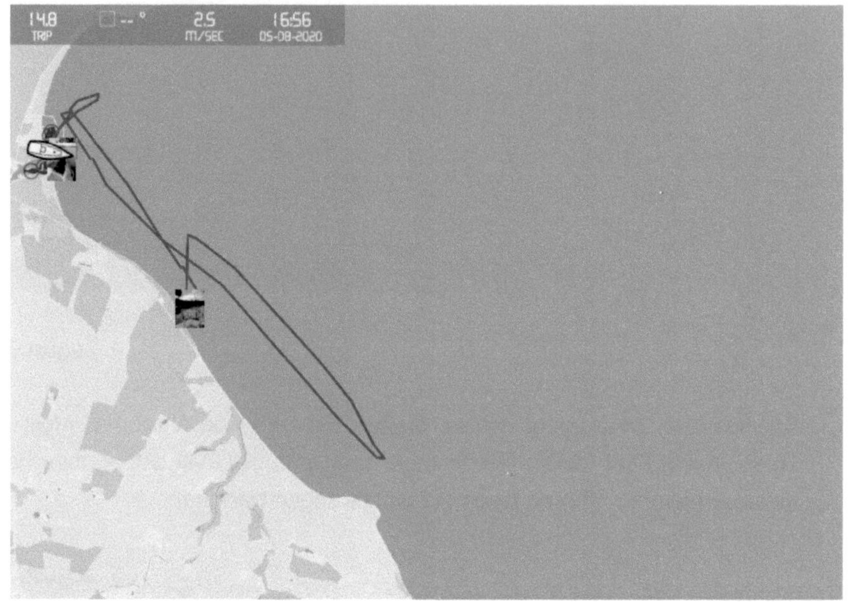

7. august 2020

S/Y Rasmine. Besætning: Jens og Chrestina. Afgik 14:39. Anløb 19:16. Udsejlet 18,2 sømil. Målet med turen var Romsø rundt. Chrestina skulle øve sit kendskab til motoren. Jens fik trukket i alle reb og liner, så sejladsen gik strygende. Vejret var perfekt med høj sol og god vind. Vel i havn fik vi besøg ombord af Steffen, Louise og børnene. Besætningen fik chili con carne og ris.

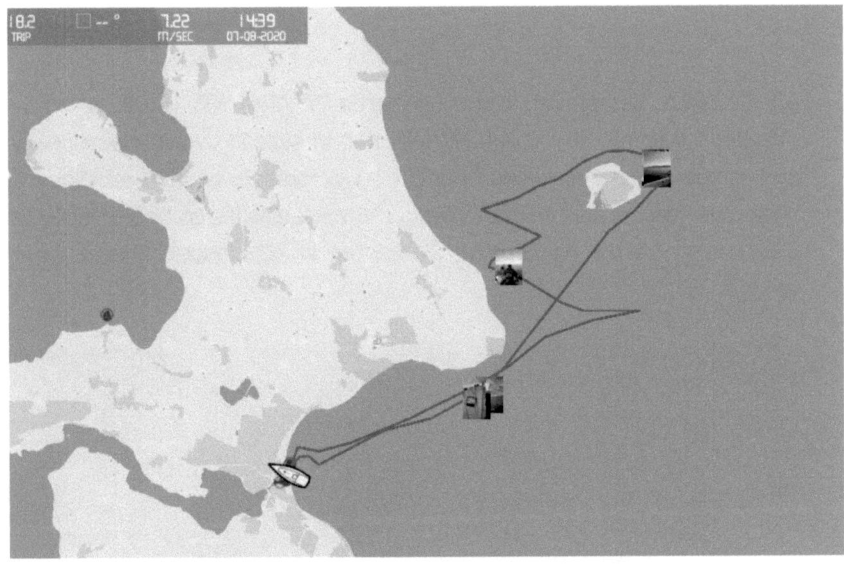

7. august: Romsø rundt

9. august 2020: Trekantbane med ankring ved Hverringekysten

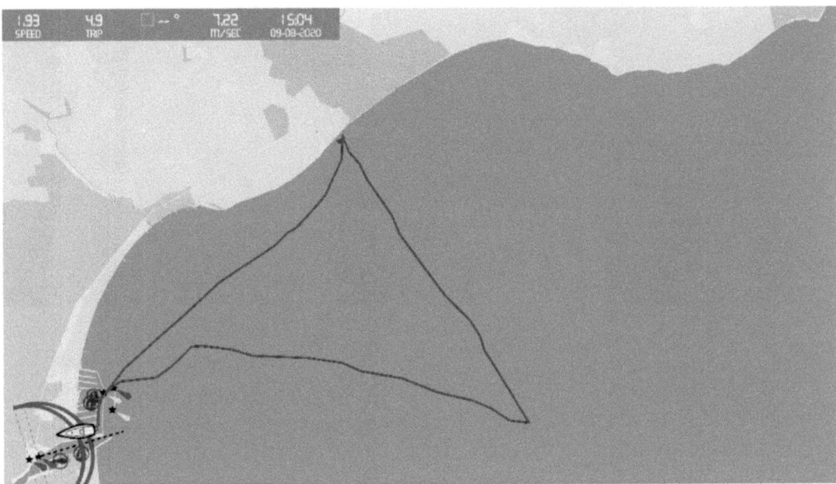

S/Y Rasmine. Besætning: Mette og Martin W. Afgik KT: 15:04. Anløb 17:35. Udsejlet 4,9 sømil. 30^0 og sol. NV 4-5 m/s. Vi sejlede over til Hverringekysten og kastede anker. Det virkede perfekt :-) Vi forsøgte os med rebstigen for at bade, men den er kun til nødstilfælde. Vi bør anskaffe en bedre stige. Så det blev kun til frokost og sopning fra kanten af sidedækket. Meget varmt og svedigt.

S/Y Rasmine. Afgik 16:52. Anløb 20:09. Udsejlet 11,2 sømil. Besætningen bestod af Chrestina (skipper), Steffen og Martin. 7 m/s fra SSØ-S. 22⁰. Herlig frisk tur tværs over bugten og ud til Stavreshoved. Madpakkerne blev spist ved turbøjen ved Risingeskoven. Vi så en skarv fange en fisk inde i havnen og en fiskehejre ved ydermolen. Steffen lagde til i flot stil.

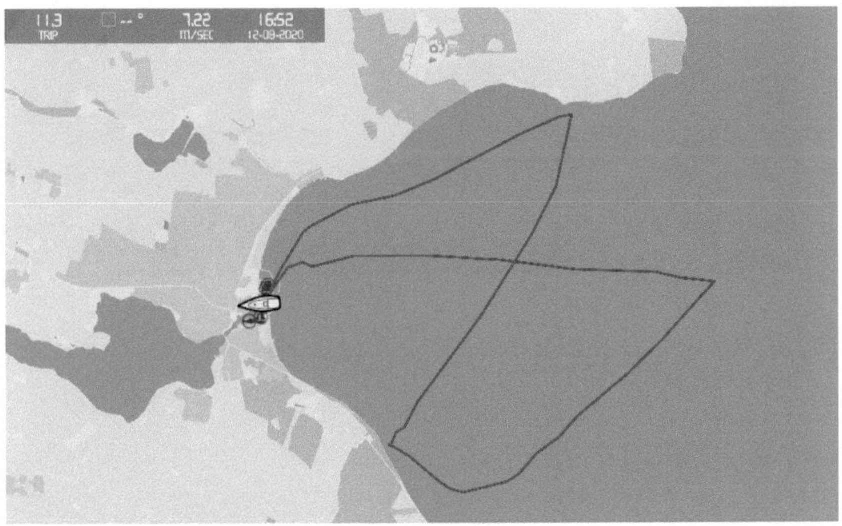

S/Y Rasmine. Afgik 15:00. Anløb 19:22. Udsejlet 13,6 sømil. Besætning: Freja, Lars, Martin og Chrestina. Vi sejlede en tur ud til syd for Romsø efter Stavreshovede. Vi mødte et marinefartøj, som kippede med flaget, efter at vi havde gjort det til hilsen.

P523 Najaden
Freja til rors og Chrestina til højre

Fregatten Niels Juel

Man snakker godt på fordækket på en rumskøds sejlads.

Martins kommentar til logbogsoptegnelsen: Søværnet har hilsepligt, hvilket betyder, at de besvarer ved at "kippe med flaget," når andre skibe som vi tager flagstanderen op af holderen og holder den ud i vandret stilling og strakt arm. Skibet vi mødte var P523 Najaden, som er et af skibene i Diana-klassen. Længere ude i Storebælt - øst for Romsø mødte vi Fregatten Niels Juel F363, hvor min søn Emil tilfældigvis var udlånt til. Vi var dog for langt fra, til at vi kunne kippe med flaget een gang til. Og han nåede heller ikke at se os. Men lidt sjovt, at vi alligevel mødtes. Jeg håber, at resten af Rasmines besætning bærer over med min hang til Søværnet ;-)

Steffen ved kortbordet i færd med at studere forskellene på det trykte søkort og 'Krak til Søs' på mobiltelefonen.

S/Y Astrid. Afgik KTM 17:15. Anløb 20:10. Udsejlet 6,9 sømil. Besætning: Chrestina, Jens, Linda, Martin W. Herlig aftentur i svag til let vind fra nord 2-3 m/s. Sejlede alligevel op mod 3, 4 og næsten 5 knob. Pragtfuldt vejr med ganske få dryp, mildt og lunt. Vi havde gode krøllede snakke med filosoffer/ trimgaster i Jens og Linda. Linda brød også spontant ud i sang :-) Vi sejlede ud til Stavreshovede og så først et marsvin og siden en fiskehejre. Vinden døde helt efter aftensmaden, og vi gik ind for motor. By the way, så havde vi i aften byttet Rasmine ud med Martins Grinde Astrid og givet Rasmine frivagt for en aften.

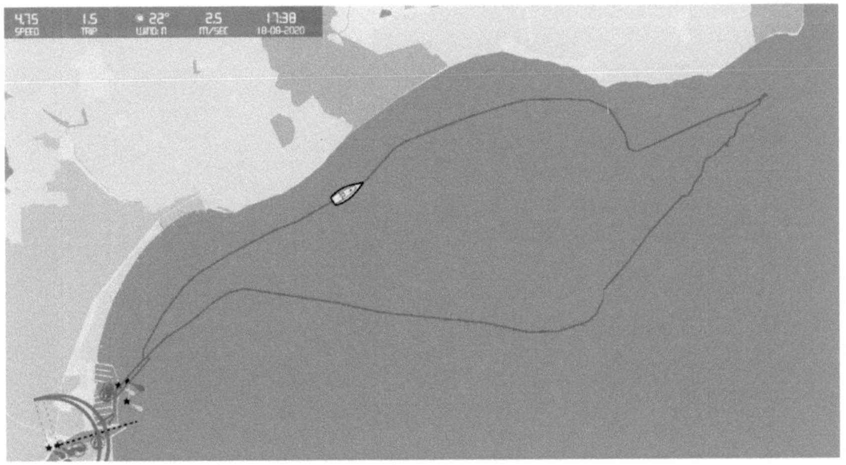

20. august 2020

S/Y Rasmine. Aftentur uden logbogsoptegnelser. Afgik 17:20. Anløb 20:00. Udsejlet 10,1 sømil. 19 grader, spredt skydække og vind 4-6 m/s aftagen fra SØ.

S/Y Rasmine. Afgik Kerteminde 16:19. Anløb Ballen på Samsø 21:28. Udsejlet 26 sømil. Besætning: Chrestina, Jens, Lars og Linda. Vi sejlede af sted med en SØ-V vind 6-8 m/s og satte det mellemste forsejl og fuldt storsejl. Da vi rundede Stavreshovede, satte vi genuaen og fik vinden agten ind hele vejen til Samsø. Omkring Fynshoved lavede vi en afstemning, om vi skulle sejle til Korshavn eller satse på Ballen. Valget blev eenstemmigt Ballen. Vi nåede Ballen Havn med solnedgangen kl. 21:28. Det sidste stykke tog vi for motor, da vi havde et regnvejr, der var ved at indhente os. Martin fra Grinden Astrid stod på land og havde fundet en plads til os, hvor vi "smed" båden og fik søgt ly under dæk for en kraftig byge.

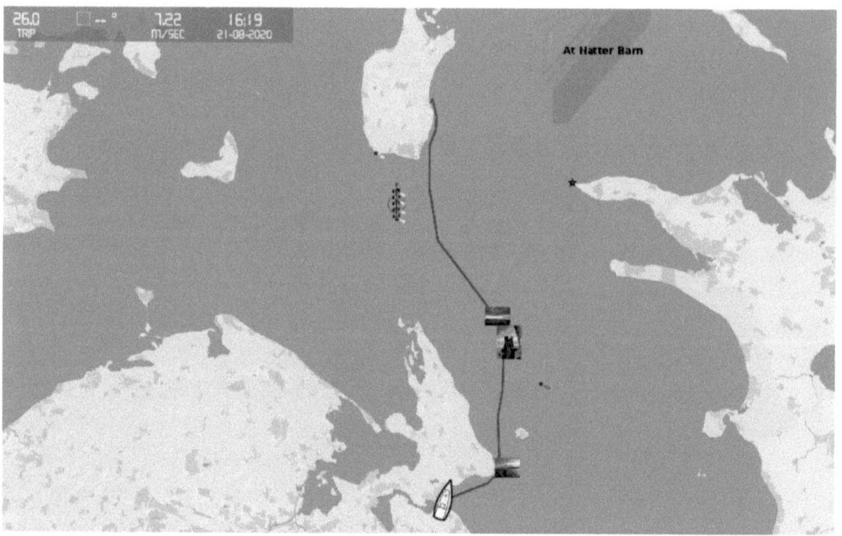

S/Y Rasmine. Afgik Ballen 10:39. Anløb Kerteminde 15:46. Udsejlet 25,1 sømil. Besætning: Chrestina, Lars, Jens og Linda. Der var liv i havet denne søndag formiddag. Vi havde et reb i storsejlet og brugte det mellemste forsejl. Bølgerne var 1,5 til 2 meter høje, og vi sejlede 7-8 knob ifølge den flinke logger. Inden vi nåede Kerteminde, overhalede vi en båd ved navn Astrid. NB! Metalbøjle ved søgelænderet sidder ikke ordentligt fast!!!

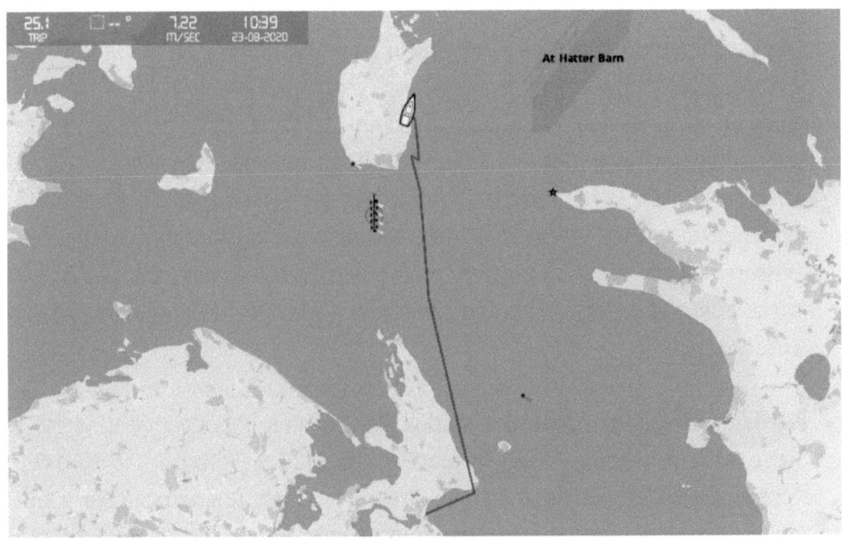

Jens Wellejus supplerede med denne turberetning for Samsøturen:

Samsøturen var en succes og en kulturel oplevelse.

Fredag eftermiddag kastede vi fortøjningerne, halvanden time senere end planlagt. Ganske som vi plejer. Fra Kerteminde til Stavreshoved sejlede vi med fuldt storsejl og det mellemste forsejl, halvvind og 6-8 m/s. Ved Stavreshoved lagde vi kursen stik nord og stiftede til genoaen. Vinden var nu agten for tværs, og vi så frem til en flyvende tur mod Samsø. Et større forsejl gav lidt mere ro i båden. I beregningerne indgik en let nordøstgående strøm. Strømmen skulle gerne føre os lidt mod øst og mellem grundene nord for Fyns Hoved og grundene lidt nordøst for. Undervejs tog vi et par krydspejlinger for at beregne positionen. Strømmen førte os ikke tilstrækkeligt mod øst. I stedet måtte vi krydse med vinden. Turen blev lidt længere, men en genoa i fri luft gav mere ro og fart i båden. På hele turen handlede det om at holde hastigheden oppe. Mørket falder på klokken ni, og ukendte havne i mørke er ikke sjovt!

Vi overvejede Korshavn på Fyns Hoved som alternativ, men fastholdt Ballen. En ordentlig tordenbyge byggede op bag os. Lyn slog over himlen over Nordfyn og rykkede nærmere. Klokken 21:12, i gråt og skumrende lys, rundede vi molehovedet ved Ballen lystbådehavn. Med tordenvejret i hælene. Heldigvis havde vores forløber Martin lokaliseret en passende plads i havnen, og anløbet gik let. På med et sæt fortøjninger, og vi søgte ly for uvejret i officersmessen. Kylling i ingefær med kokosmælk og karry varmer på selv de mest ruskende dage. Natmad er, under alle omstændigheder, et undervurderet måltid.

Lørdag formiddag regner det stadig. Der drikkes uanede mængder af te og kaffe i den hyggelige kahyts gode selskab. Kun afbrudt af ture til den topsikrede toiletbygning med den kryptiske kode. Regnen blæser væk over middag, og vi tager en tur gennem Ballen og opland. Ballen er en sjov blanding af historie og shoppemuligheder for det købestærke publikum. Hér er gamle træbåde og især appel til feriegæsterne. Butikker med tøj, butikker med is, boder med fisk i alle grader af tilberedning. Et folkloristisk indslag står et spisested for. En a capella duo med et meget dybtfølt repertoire af sange. Måske synger de på islandsk. Noget ved sproget virker bekendt. Måske er det Samsøsk. Harmonisk skiller sangerne sig ud. Konsekvent lægger de harmonierne en halv tone fra hinanden. De synger såvel dybfølt som usikkert, og forstærkeranlægget sikrer, at hele byen deltager i denne særprægede kulturbegivenhed.

Vi undslipper de sidste melodiøse udfald ved at opsøge den nærliggende Brundby stubmølle. En lille tur på seks kilometer med brombær og æbler undervejs. Hyggeligt, og med den smukkeste udsigt over Samsø. Pasta med kødsovs er aftenens hit på banjen.

Søndag regner det til en forandring. Kaptajnen på "Astrid," Martin banker i fuldt søtøj Rasmines besætning ud af tornerosesøvnen. Vi udfordres til en improviseret kapsejlads til Kerteminde. De kaster los med det samme og efterlader os med manglende forberedelse og ditto madpakker. Vi er sejlet agterud. Fyrre minutter senere er vi klar. Vi har sat et reb i storsejlet og valgt det mellemste forsejl.

Vinden er kraftig og regnen ligeså. Vinden er meget spids, og vi må opgive at holde kursen ned til den første grund. Et kryds bliver nødvendigt. Vi tager krydset ind under Samsø, medens vi stadig er i bølgelæ. Nu kan vi måske holde kursen til vestmærket ud for grunden. Det meste af turen er på styrbord halse.

Mellem Samsø og Fyns Hoved er bølgerne omkring to meter, men søen er noget rod. Bølgerne kommer fra flere retninger, og system i løjerne er der tilsyneladende ikke. Undervejs spejder vi efter "Astrid". Et par gange tager vi fejl, men efter en kort VHF-samtale finder vi vore kapsejladsmodstandere. De har valgt en rute tættere på land. Dermed har de mere bølgelæ og lidt mere slæk på skøderne ned mod Måle.

Vi må have "Rasmine" op i kapsejladsgear. Bygerne er efterhånden taget af, og alt disponibelt mandskab må ud på sidedækket. Vi gør os så tunge som muligt! Det er svært at tro, men vi sniger os ind på Astrid. Selv om vi går lidt højere, går vi også lidt hurtigere.

Ved Stavreshoved er Astrid stadig tættere på land, og dermed Kerteminde, end vi. Opløbet bliver en krydsduel gennem Kertemindebugten, og Astrid har et forspring. Vinden er både springende og ujævn. Et par gange vender vi næsten synkront, men vi tager et kryds mod syd hvor vinden forekommer os kraftigere. Undervejs står det klart, at vi ikke går lige godt på begge halser. Styrbord er bedre end bagbord. Det må være på grund af rebet og det udsejlede storsejl.

Timingen af krydsene ligger efterhånden på rygraden. Det kører som det skal. På de sidste kryds slår Astrid igen. De sidste kvadratmeter af fokken rulles ud. Astrid taber kapsejladsen, men beholder æren. Møre og glade anløber team Rasmine marinaen.

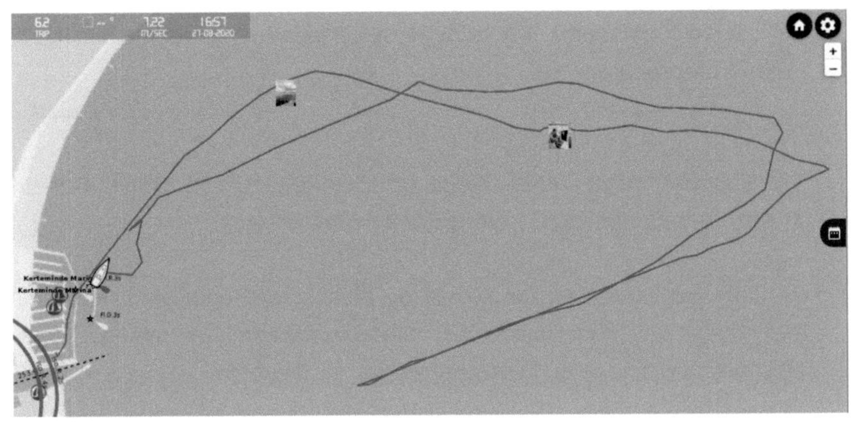

27. august 2020

S/Y Rasmine. Afgik 17:00. Anduvede 19:28. Udsejlet 6,2 sømil. 4-0 m/s. Besætning: Chrestina og Steffen. Vi afgik fra havnen med afsked fra Martin på en stille aften med kurs mod Stavreshovede på kryds og tværs af Kerteminde Bugt. Til spisetid 0 m/s og 0,00 knob. Den medbragte mad blev nydt i selskab

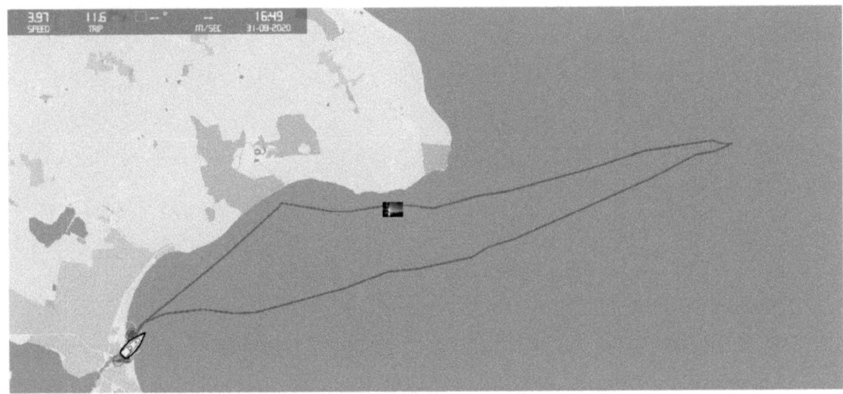

med marsvin langs Rasmine. Kapsejlads på bugten var også en udfordring. Vi gik mod havn lidt før 19:00 med en svag vind agten for tværs, som løjede helt. I havn for motor helt udramatisk. Undervejs fin navigationslektion af skipper Chrestina.

31. august 2020

S/Y Rasmine. Afgik 16:49. Anløb 20:25. Udsejlet 11,6 sømil. Besætning: Martin, Lars, Steffen og Chrestina. Vind fra NV 4-5 m/s.

En dejlig tur ud sydøst for Romsø og tilbage med agtenvind. Aftensmaden blev nydt ved Hverringeskoven. Samtaleemnerne var mange: Bådvalg, pejlinger, narcissisme og live fremvisninger på facebook.

2. september 2020

S/Y Rasmine. Afgik KTM. 17:01. Anløb KTM. 20:50. Udsejlet 16,3 sømil. Besætning: Chrestina, Lars, Martin W. God jævn til frisk 6-8 m/s fra NØ, sol

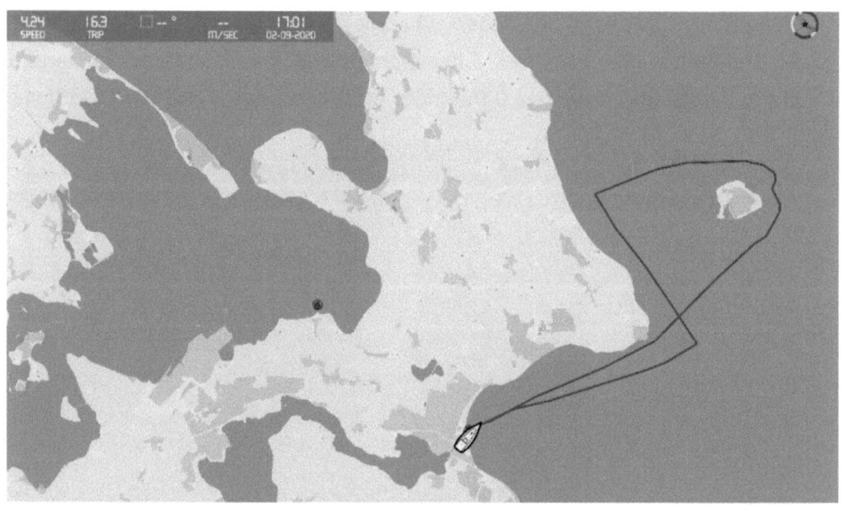

og 18-20^0. Vi fik sejlene op på vej ud af havnen og slukkede motoren straks efter bananen. Herlig sjov frisk sejlads hele vejen ud til Stavreshoved, hvor vi valgte at circumnavigere Romsø med uret mellem revet og Bøgebjerg. Vi sejlede tæt forbi nordsiden og tog madpakkerne frem, da vi kunne slække lidt ud. Der var pænt meget sø ved revet og på østsiden. Det blev en flot solnedgangstur ind i bugten. Vi så noget så mærkeligt som en ål springe i vandoverfladen - meget spøjst syn :-) Sendte live video fra Storebælt på facebook.

8. september 2020

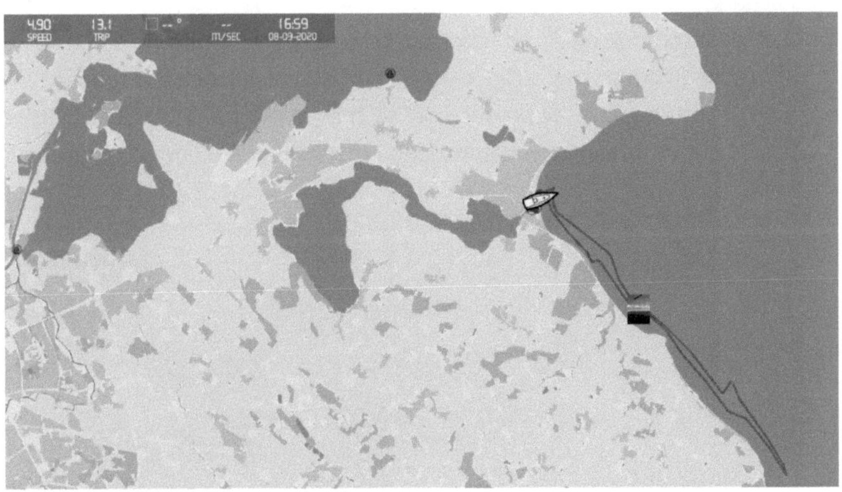

S/Y Rasmine. Afgik KTM. 16:59. Anløb KTM. 20:16. Udsejlet 13,1 sømil. Besætning: Chrestina, Lars og Martin W. 18-20^0 og sol, 6-8 m/s fra NV. Vi havde en skøn lun frisk tur med genua og fuldt storsejl. Lidt i overkanten til vinden, men vi havde opdaget et lille hul i fokken, som skal laves først. Sejlads indenom spærreområdet med muslingefarmen og godt halvvejs til Nyborg tæt langs med kysten. Et par gange havde vi sidedækket under vand på vej tilbage. Vi ordnede verdenssituationen og aftenskafningen i messen ved turbøjen og sejlede ind i tusmørket for motor. Vi så forresten en skarv, der havde fanget en fisk og kæmpede med at få den slugt. Dejlig tur i godt selskab :-)

S/Y Rasmine. Afgik KTM. 17:08. Anløb KTM. 18:37. Udsejlet 6,7 sømil. Besætning Freja, Franziska, Lars og Martin W. Frisk til hård vind fra SV.

En helt igennem herlig frisk kort tur. Vi demonstrerede, at ingen af os helt havde styr på at rebe sejl og fumlede noget med det hele. Summa summarum blev det stormfok og 2 reb i storsejlet. Vi nåede at vende på den anden side af muslingefarmen og strøg tilbage indenskærs af spærreområdet om kap med Franziskas bus. Bussen vandt, så hun måtte cykle hjem til Odense. Vi besluttede at arrangere messemiddag ombord i næste uge som afslutning på turen.

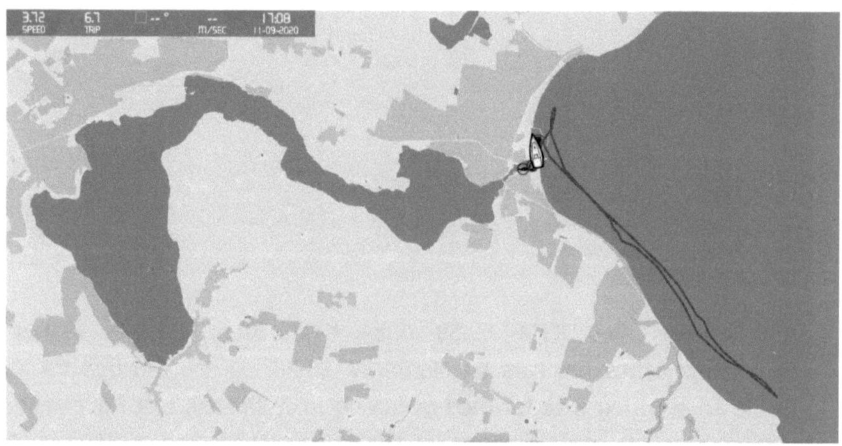

15. september 2020

S/Y Rasmine. Afgik KTM. 17:08. Anløb KTM. 20:47. Udsejlet 8,4 sømil. Besætning: Freja, Franziska og Martin W. Let til jævn vind fra syd, 21^0 og sol.

Pragtfuld tur. Franziska fik virkelig god føling med at få optimal fart og balance i båden, da vi stak østerud i Storebælt. Vi mødte en Maxi 68 og en Etap 22 (vistnok?), som fulgtes ad og kæmpede lidt med dem 8-) Freja nåede lige at sige, at uden Chrestina ombord, så oplevede de nok ikke noget, og så poppede to marsvin op som kaldet. Vi fortøjede til turbøjen ved Klinten og tilberedte ris og kylling i carry og chili - også som vegansk uden kylling. Vi nød den varme mad forberedt af skipper. Vi anløb i den smukkeste mørke septemberaften med lys i lanternerne og foretog en perfekt landing. Tak for godt selskab!

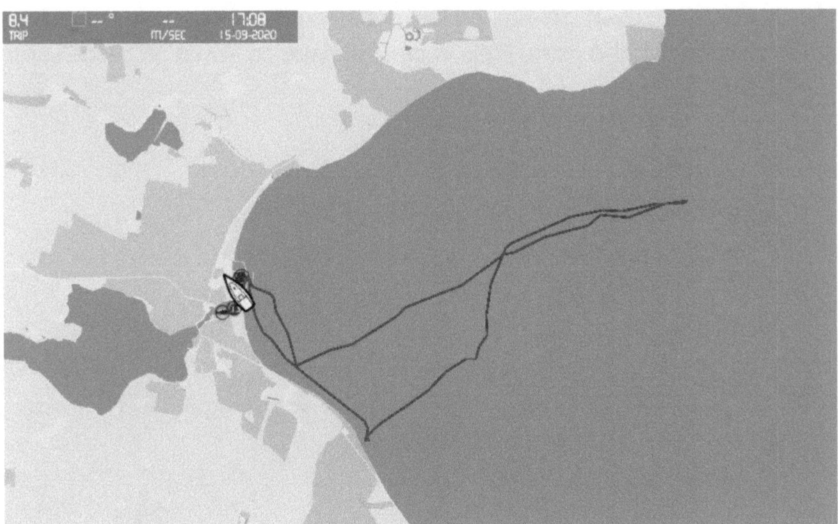

Franziska øverst til venstre, Freja nederst til højre og Martin på begge sejler-selfies.

S/Y Rasmine. Besætning: Freja og Jens. Udsejlet distance: Under én sømil. Vejr: Smukt solskin, vind nordlig og næsten fraværende, til sidst fuldstændigt fraværende. Sejlede fra 17:00 til 19:00.

En af de korteste, mest kaotiske og sjoveste ture i laugets historie:

Forberedte afgang fra plads 158 i meget let vind. Genua og fuldt storsejl. Trak os ud til pælen for at kunne skubbe fra, bakke genuaen og glide elegant ned mod broens ende for at tage krydset op mod havnehullet. Alt var klappet og klart. Bortset fra en enkelt lille detalje! Vi havde trukket genuaen inden om vanterne, formen var alt andet end funktionel til kryds og vi drev stille rundt uden styrefart. Heldigvis stille! (det sorte spor)

Efter et par sære manøvrer til ære for det entusiastisk/kritiske miljø af folkebådssejlere lykkedes det at få ro nok til en sejlrulle. Vi havde nu to muligheder: Trække os slagne tilbage til pladsen og erkende vort nederlag eller tage Rasmine ved hornene. Genuaen blev flyttet til den rette side af vanterne. Vi slutter ikke dagen med en dårlig oplevelse. Rasmine var fuldstændigt forandret. Genuaen stod perfekt, vognen til storskødet helt oppe til luv. Vi gled stille og velkontrolleret gennem stagvendingerne op mod havnehullet. Motor havde vi ikke (lånt ud til Elisabeth), så turen skulle foregå meget tæt på havnen. Det blev til en flot tur rundt om bananen (det røde spor). Vi fik glæde af en meget langsom kapsejlads og hyggelige ordvekslinger med kapsejlerne der sneg sig over det spejlblanke vand. Da vi rundede den nordlige ende af bananen og kunne lænse, tog Freja styringen. Alt foregik langsomt og uhyre stille. Vi havde dårligt et synligt kølvand. Langsomme rorudslag medens vinden slap op. Bro 1 rundedes i en langsom majestætisk bue, og i endnu en blød bue landede vi på pladsen. Med langsommelighedens elegance sluttede det, der fra starten var et rod, med rolig perfektion! Tak for en herlig aftentur. - Jens

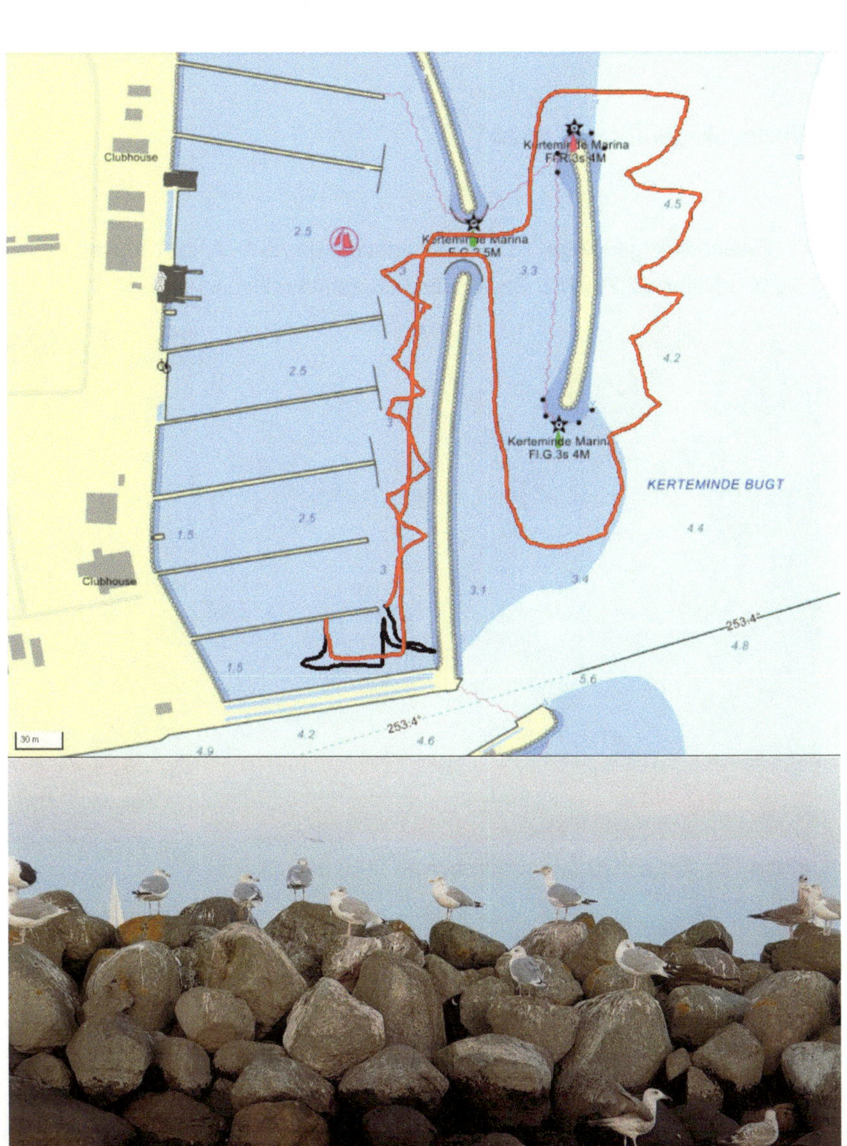

Clubhouse
Kerteminde Marina
Fl.R.3s 4M
Kerteminde Marina
F.G. 5M
Kerteminde Marina
Fl.G.3s 4M
KERTEMINDE BUGT
Clubhouse
30 m
253:4°
253:4°

"Hurleyekspeditionen 2020"

17. september 2020

S/Y Elisabeth Afgik Køge 18:59 i svindende dagslys. Anløb Bøgeskov Havn 22:09. Udsejlet 12,7 sømil. Besætning: Chrestina (skipper) og Lars.

Afgang fra Køge med fuld ration benzin til turen

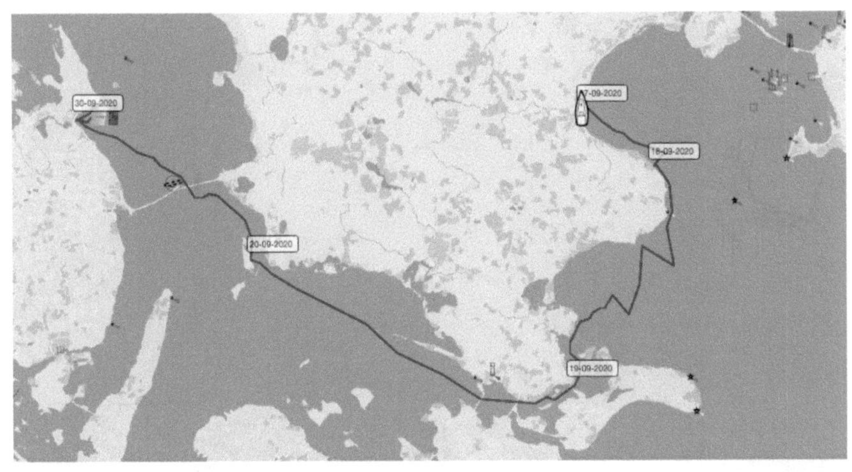

18. september 2020

S/Y Elisabeth Afgik Bøgeskov Havn 9:07. Anløb Kalvehave 18:44. Udsejlet 38,9 sømil.

19. september 2020

S/Y Elisabeth Afgik Kalvehave 10:13. Anløb Agersø 18:43. Udsejlet 38,9 sømil.

20. september 2020

S/Y Elisabeth Afgik Agersø 10:28. Anløb Kerteminde 16:32. Udsejlet 26 sømil.

20. september 2020

Uddrag fra logbogen på Grinden Astrid: "2,2 sømil i smukt solskin for at komme min lille Hurley 18 "Elisabeth" i møde på dens sidste sømil af 116,5 fra Køge til Kerteminde - fra torsdag til søndag eftermiddag. Jens og Laura gjorde mig selskab ombord, da vi tog imod Chrestina og Lars, da de gik ind mod Kerteminde for fuldt storsejl og genua i den lette vind. Nu skal den indgå i

Vi møder efterhånden fiskehejren ret ofte. Lige imponerende fugl at se på hver gang.

bådelauget og bruges som ramme for fællesture og oplevelser. I mangel af signalflag flagede vi med en lang række tibetanske bedeflag for at festliggøre ekspeditionens hjemkomst. Godt sejlet I to!"

Her er Chrestina og Lars' ekspeditionsberetning: Hurleyekspeditionen 2020

Torsdag den 17. september 2021

Vi afgik Køge lystbådhavn kl 19 med masser af vinken til Martin som havde transpoteret os til Køge. Båden var blevet fyldt med masser af mad og udstyr. Selv motoren havde vi med fra Rasmine. Ude af havnen fik vi sat sejl og kurs mod bøgeskov havn. Hverken skipper eller gasten havde sejlet disse farvande før, ej heller den fine lille Hurley 18. Ude af havnen og læ viste den første udfordring sig i form af store bølger og næsten ingen vind, men i havn i Bøgeskov skulle vi. Solen gik hurtig ned, og vi forberedte os på et natanløb af Bøgeskoven. I mørket nord for Bøgeskov havn hyggede vi os med følgende udfordringer: Mørke, næsten at tabe motoren, holde udgik efter den store færge, som virkede tæt på i mørket, sejle efter pejlelinjer og stager. Skipper lærte, at havneguiden ikke altid er retvisende og lavet til at sejle efter i mørke. Heldigvis stikker elisabeth ikke så dybt, og turen mod stenmolen blev afværget og vi fandt til sidst indsejlingen og en plads i havnen. Efter en aftensskafning lagde vi os i seng efter en lang arbejdsdag og 3 timers frisk sejlads i Køge Bugt.

Fredag den 18. september 2021

Efter morgenmad og en kop the i morgensolen var vi klar til det næste stræk på ekspeditionen til Kerteminde. I dag ville tage os forbi Stevns Klint, og vi glædede os til at se den udefra. Og hvilket syn vi fik os. En letvind tog os fint forbi klinten i solskin og ind i Fakse Bugt. Her kom vinden fra den ene retning, den ikke måtte, lige i den retning vi skulle: Bøgestrømmen. Der var ikke andet for, end vi måtte krydse der ned af. Et opkald senere viser, at Martin holde øje med os på Keepsaling. Han spurgte, om vi var på vej til Rødvig havn. Siden planen var Kalvehave, blev motoren sat til hjælp, da både skipper og gast var enige om, at natsejlads ikke lige var på menuen den aften. Derfor blev der holdt udkig efter den første afmærkning ind i Bøgestrømmen. Udfordringen blev ikke mindre af, at vi havde solen i øjnene i forhold til de første afmærkninger. Sådan en fredag i september delte vi ikke Bøgestrømmen med mange andre sejlende, så vi fulgte afmærkningerne slavisk på søkort og på tabletten, fordi vi skulle ikke nyde noget af at sejle på grund.

Vi sejlede ind i Kalvehave lystbådehavn med solnedgangen. Elisabeth troede lige, hun var en stor sejlbåd og kunne ligge på en lang plads, men ak fortøjningerne var for korte, og hun måtte om på den anden side af bådebroen til de små pladser.

Lørdag den 19. september 2021

Vi vågnede op til en vindstille dag i Kalvehave og begyndte at forberede os på en dag kun for motor. Skippers plan var at komme så tæt på Storebæltsbroen som muligt og vælge havn, efter hvor langt vi nåede. Dagen bragte os under 3 broer, Dronning Alexandrines Bro, Farøbroen og Storstrømsbroen. Der er noget fascinerende ved at sejle under broer, synes skipper og gast.

Solen skinnede endnu engang på os, så solcreme, solbriller og kasket var vores ven denne dag. Ved Knudshovedrev nåede turen endnu et højdepunkt da skipper spottede en sæl og fik taget en masse sløret billeder. Havnevalget faldt på Agersø havn, da vi nærmede os Storebælt. Vi sejlede "om kap" med færgen til havnen, og for første gang på turen mødte vi en godt fyldt havn med masser af stemning. Vi blev enige om, at havnen var et weekendbesøg værd en anden gang, da vi begge var trætte efter 38,9 sømil denne dag.

Søndag den 20. september 2021

Overraskelsen var stor, da hovedet blev stukket ud af kahytten søndag morgen. Tågen lå nemlig tæt omkring agersø havn. Skipper og gast besluttede af se tiden lidt an for at se, om tågen lettede når solen kom ordenligt frem. Der blev sørget for lidt ekstra lækker morgenskafning, og benzindunkene blev fyldt i mere end en forstand. Så da de andre både og sejlskibe begyndte at lægge fra land, tog vi også afsted mod vores slutmål

Kerteminde. Men tågen havde helt andre planer, og efter vi havde siksakket imellem masser sejlskibe/fiskebåde, nåede vi Storebæltsbroen selv om vi ikke kunne se den 100 meter væk. Vi tog en livlinje til Martin, da vi skulle krydse sejlrenden. Martin tjekkede sejlrenden for større skibe på Marine Trafic, og på ingen tid havde vi krydset T-ruten sikkert. Lars sejlede os under Storebæltsbroen øst for Sprogø i ingen vind men masser af strøm. Lige så snart vi var sejlet under broen, skinnede solen igen på os. Vi spottede endnu en sæl nord for Sprogø. Nu kom det sidste lange stræk til Kerteminde, men der ventede også Astrid, Martins Grinde, med glad besætning for at tage imod os med buddhistiske bedeflag i forstaget.

Trætte kom skipper Chrestina og gast Lars i land i Kerteminde og blev budt på kaffe og kage på Grinden sammen med Martin, Jens og Laura. Bagefter pakkede vi vores ting sammen i den lille Hurley 18, som havde været vores hjem de sidste par dage. En god tur som skabte minder og gode erfaringer både til skipper Chrestina og gasten Lars.

Hurleyekspeditionen 2021: Lars

Hurleyekspeditionen 2021: Chrestina

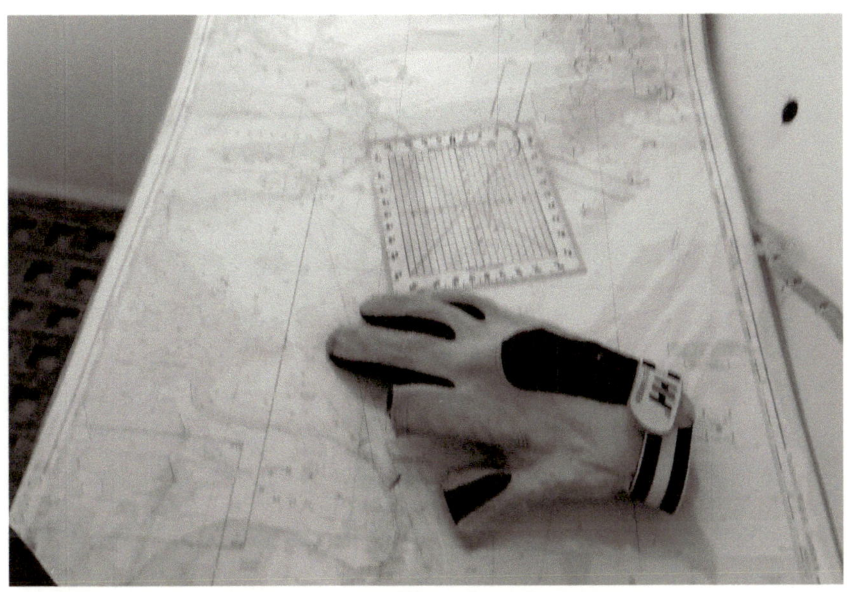

Hurleyekspeditionen 2021: Analog navigation på cockpitbænken.
Uden - varm - mad og drikke og så videre..

Så en skønne dag fik Freja endelig også sin naturoplevelse. Vi så fiskehejren, som ofte holder til ved ydermolen.

24. september 2020

S/Y Rasmine. Afgik 17:15. Anløb ca. 20:00. Udsejlet 8,9 sømil med et gennemsnit på 3,63 sømil. Besætning: Rune, Lars, Steffen og Chrestina (skipper). Vi startede fra Kerteminde i S-SV 8-10 m/s med kurs mod Risinge. Vendte ved Risinge mod Stavreshoved med vinden agten for tværs.

Aftenskafning ved turbøjen i læ for Hverringekysten. Gik mod havn i tusmørke og anløb 20:00 i stille vejr.

30. september 2020

S/Y Rasmine. Afgik 16:58. Anløb 19:17. Udsejlet 8,4 sømil. Besætning: Rune og Chrestina. Vind S-ØSØ 6-2 m/s. Rasmine sejlede mod Stavreshoved med et par vendinger til øvelse og afventning af søsterskibet Elisabeth, der kom ud fra havnen. Vi fik sejlet lidt kapsejlads, hvor Rasmine vandt på grund af større sejlareal ;-)

Vinden løjede til 2 m/s, og vi endte med at have en Hurley 18 på slæb, så Jens og Martin kunne komme i havn. Aftensmaden blev indtaget ombord på Rasmine efterfølgende.

S/Y Elisabeth. Afgik KTM. 17:25. Anløb KTM. 19:13. Udsejlet 6,6 sømil. Besætning: Jens og Martin W. 5 m/s SSØ, 16^0 og sol.

Endnu en fabelagtig septemberaften. Mildt, mellemluft, storsejl og fok. Afgik for sejl. Det var megatungt at hale storsejlet op. Efterfølgende blev faldet skiftet og hulkehlen smurt med Sailcote. Båden gik forbavsende godt. Vi holdt nogenlunde trit med Duetten, som selvføgelig er hurtigere. Chrestina og Rune sejlede foran os i Rasmine. Vi fik den smukkeste solnedgang, og så døde vinden. Vi kom på slæb bag Rasmine, da vi skulle anløbe havnen og gled ligeså fint ind på pladsen på bro 1. Vi spiste madpakkerne i messen på Rasmine og fik os en god bådsnak, inden vi sagde tak for en god aften og brød op - jeg til bro 0 hvor jeg bor for et par dage ombord på Grinden Astrid :-)

5. oktober 2020

S/Y Rasmine. Afgik 17:07. Anløb 19:25. Udsejlet 7,7 sømil. Vind SØ-Ø. Besætning: Steffen, Lars og skipper Chrestina. Vi startede ud med svag vind. Martin og Freja vinkede farvel fra kajen. Efter et par vendinger satte vi kursen mod Stavreshovede. Vinden tog til, og vi opnåede en fin fart på 5 knob. Vi kapsejlede mod regnvejret og nåede næsten tørjakket i land.

8. oktober 2020

S/Y Rasmine. Afgik KTM. 16:53. Anløb KTM. 18:18. Udsejlet 6,3 sømil. Besætning: Freja, Franziska og Martin. 8-9 m/s vind fra syd. Der var pænt store bølger, og vi havde en sjov tur med fuldt storsejl og fok. Båden gik blødt i søen uden at plaske. Det var nok lidt for spændende, syntes Freja, indtil vi vendte og gik tilbage mod Lundsgaard. Efter 2. ben ud tog Franziska over og surfede os ind på den medløbende sø. Vi gjorde båden klar i svajebassinet, inden Franziska sejlede os ind på plads. Nu sidder vi og drikker te og spiser tyske julekager med ingefær og honning :-)

S/Y Rasmine. Afgik Kerteminde 16:40. Udsejlet anslået 8 sømil. Turen er ikke tracket med Keepsailing. Besætning: Rune, Franziska og Jens (skipper). Tilbage til aftensmad i cockpittet i tørvejr. Efter at have sejlet stille og roligt ud af havnen fik vi god vind til at sejle ud mod Risinge. Før vi tog tilbage inden mørket, sejlede vi lidt mod Stavreshovede. På den måde kunne vi sejle rundt om de mørke skyer og forblev næsten tørre :-)

Det var dejligt roligt og hyggeligt tilbage i havnen - med flot solnedgang. Ingen tracking den her gang :-)

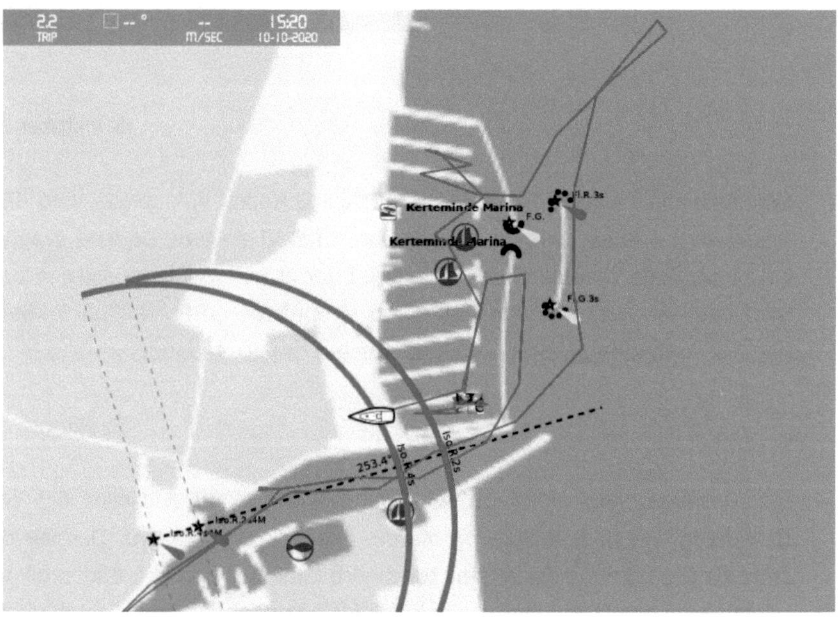

10. oktober 2020

S/Y Elisabeth. Afgik 15:28. Anløb 16:42. Udsejlet 2,2 sømil. Lars Skaarup har sat sin 4 HK motor på Elisabeth, og jeg tog en solotur rundt i havnen for at blive fortrolig med venderadius etc. Ved ca. 3 knob vender den ret kvikt til bagbord 180 grader på ca. en tredjedel af gadens bredde. Det er vigtigt at være bevidst om dens propwalk (propellens tendens til at skubbe båden sidelæns i omdrejningsretningen), og at propellen drejer til højre (hvilket gør, at båden drejer mest effektivt til bagbord). Inde i den gamle havn blev jeg prajet af Franziska, der havde sine forældre med fra Tyskland. Det var overraskende svært at lægge til og holde båden ved Nordre Havnekaj på grund af strømmen. En reminder om, hvor vigtigt det er at være forsigtig med at gå ind i den gamle havn, og at strømmen skal være udadgående.

16. oktober 2020

S/Y Rasmine. Afgik 14:25. Anløb 17:46. Udsejlet 15 sømil. Besætning: Franziska, Lars, Mette, Martin og Chrestina.

Romsø rundt en dejlig dag i oktober. Vi startede ud i sol og ca. 11^0 (Mette kunne fortælle, at badevandet også er præcis 11^0 lige nu). Vi startede med en kurs mod Stavreshoved og valgte at gå syd og øst om Romsø, hvilket passede med vindretningen N-NØ, som vi havde i dag. Vi spottede måske et marsvin eller to omkring Romsø. Vi sejlede de 15 sømil med en gennemsnitsfart på 4,4 knob. Vi nåede at få en smule vand fra oven, og det var en pænt kold vind, vi havde, men alle var glade for turen :-)

18. oktober 2020

S/Y Elisabeth. Afgik 16:07. Anløb 17:05. Udsejlet 1,2 sømil. Solo "tøffetur" og træning af boat handling, Martin solo.

Et happy crew under anduvning af Kerteminde efter en vellykket circum-navigering af Romsø: Lars Chrestina, Franziska, Mette

En fredagstur Romsø rundt: S/Y Rasmine. Afgik 14:24. Anløb 18:26. Udsejlet 16,65 sømil. Besætning: Freja, Martin, Steffen. Vind 6-7 m/s fra vest. Vi sejlede ud på en agtenvind med sejlene 'goose winged' og forsøgte at kapsejle med Kertemindes anden Duet (Lars Tjørnvigs nye båd) men forgæves. Den er i et andet racing trim end Rasmine. Flot tur om Romsø med tiltagende vind. Freja serverede medbragt kage til kaffen. Vi havde en frisk vind nord for Romsø og krydsede ind mod Kerteminde. Anløb for motor.

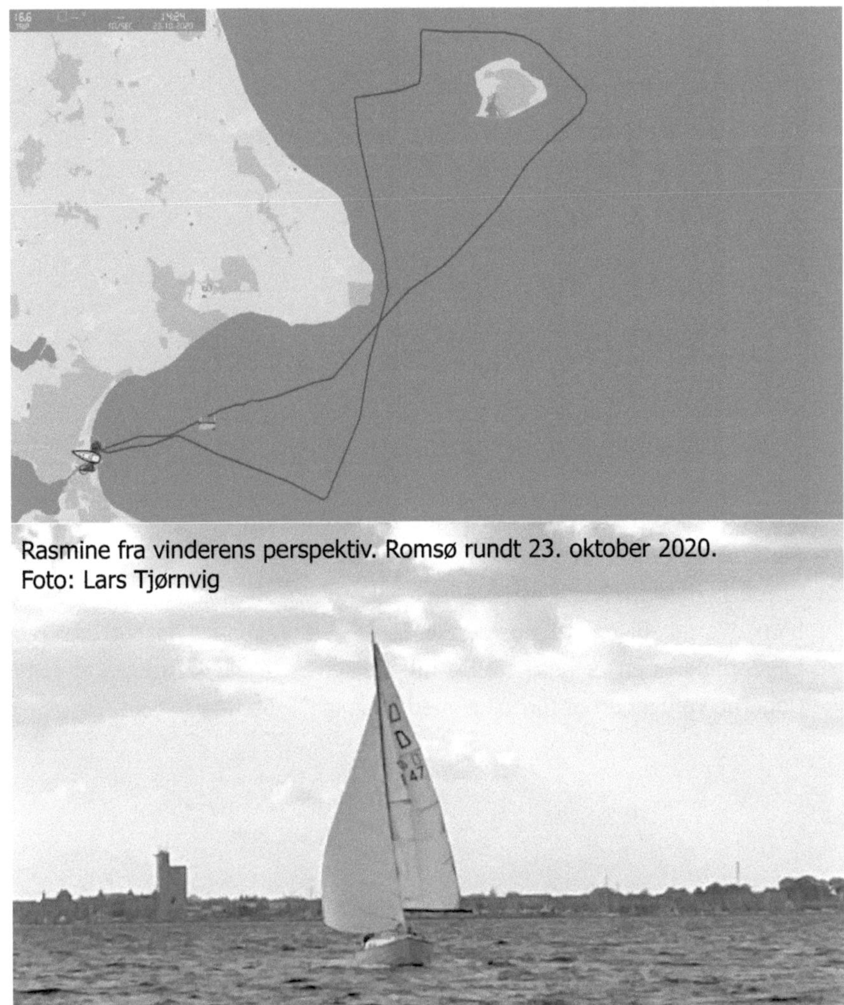

Rasmine fra vinderens perspektiv. Romsø rundt 23. oktober 2020.
Foto: Lars Tjørnvig

S/Y Rasmine. Afgik 16:38. Anløb 18:24. Udsejlet 5,5 sømil. Besætning: Naja, Sigrid, Hjalte, Louise, Steffen og Chrestina. Let vind fra vest, 5-6 m/s.

'Måneskinstur' til muslingefarmen med skiftende rorsmænd (Steffen og Louises børn). Flot vejr med en topfart på 4,5 knob. Hjemtur med månen i ryggen. Sejlede i havn for motor i let vind 2-4 m/s.

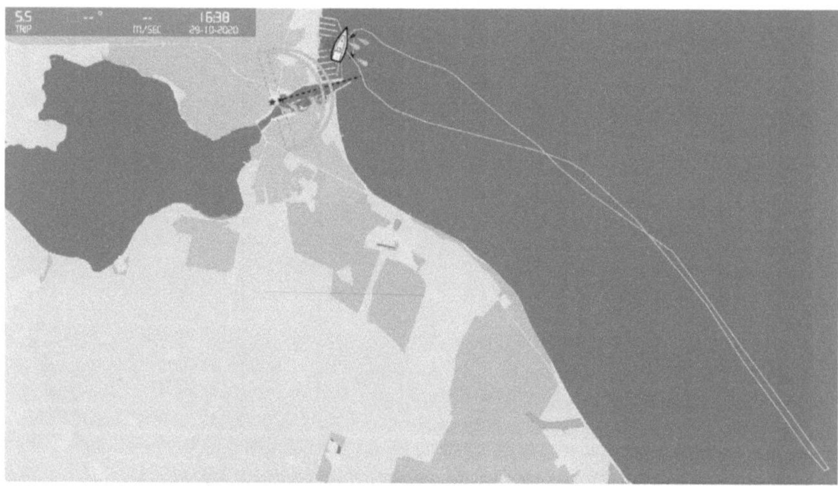

Fra Messengertråden senere samme aften: "Tak for en fantastisk flot aften i Kerteminde Chrestina. Familien var helt høj på vej hjem." - Steffen. "Selv tak for en hyggelig måneskinstur. Super lækkert vejr. Tænker du nemt får de tre børn overtalt til en tre ugers sejlerferie." - Chrestina. "De nød det over al forventning, men er også trætte nu. Dejligt at få indviet resten af familien. Ungerne var lynhurtigt fortrolige med Rasmine" - Steffen

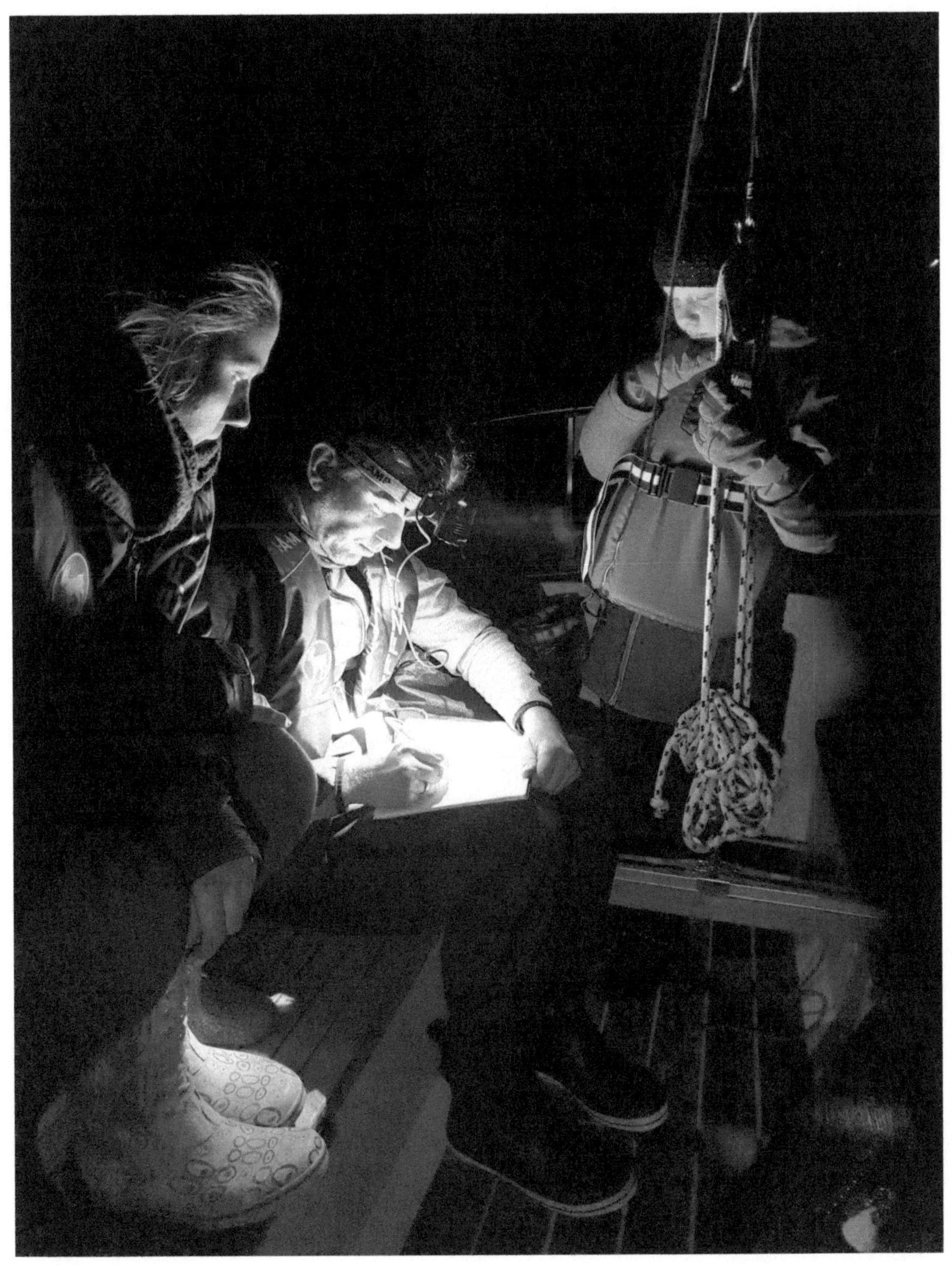

Red.: Det er dejligt at se, at også resten af familien kan få del i oplevelsen af sejlerlivets glæder. Det virkeligt gode ved små velsejlende både er, at de med lethed kan styres af selv små børn ned til 5-6 år med en voksen ved siden.

Oplevelsen af, at man rent faktisk har kontrollen over en "stor båd" giver en naturlig følelse af tiltro til sig selv og egen formåen. Det er enormt sejt at kunne få rortjansen blandt voksne og yde et ligeværdigt bidrag til sejladsen og få mulighed for at hive et storsejl ind f.eks. Den slags oplevelser glemmer børn aldrig.

S/Y Rasmine. Afgik 14:43. Anløb 17:27. Udsejlet 8,4 sømil. Besætning: Styrmand Lars og skipper Chrestina. 11^0 og en vind på 5-2 m/s fra VSV. Solnedgangstur Kertemindebugten rundt. Vi fik sejlet ud til Stavreshoved med en agten for tværs vind og krydsede derefter bugten op til Kerteminde. Lars lagde fra og til.

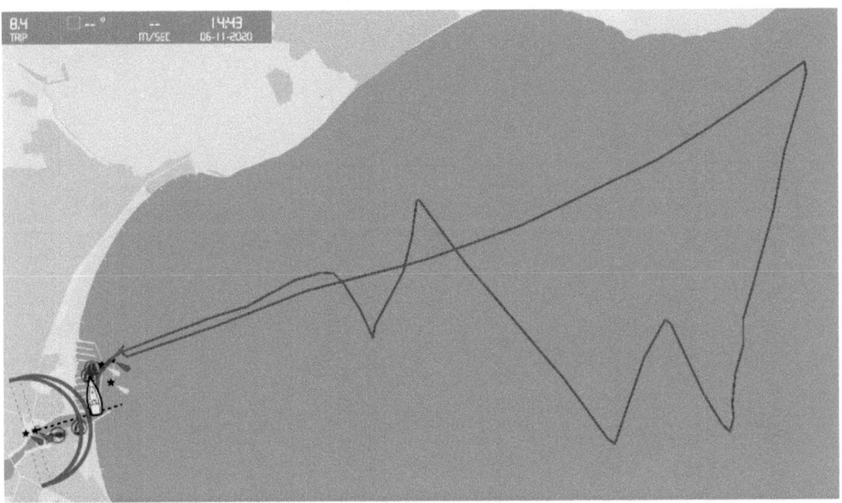

Fra Elisabeths logbog: Afgik 14:59. Anløb 17:38. Udsejlet 7,6 sømil. Besætning: Lars, Chrestina og Martin W. Sejlede ud i det skønneste vejr: Sol og mildt med 5-6 m/s vind fra SV. Vi omsejlede muslingefarmen mod syd med fuldt storsejl og genua. Hurley'en sejlede eksemplarisk, og vi nød en kop te undervejs og havde en dejlig hyggelig tur. Vi sejlede lige ind i aftenmørket og

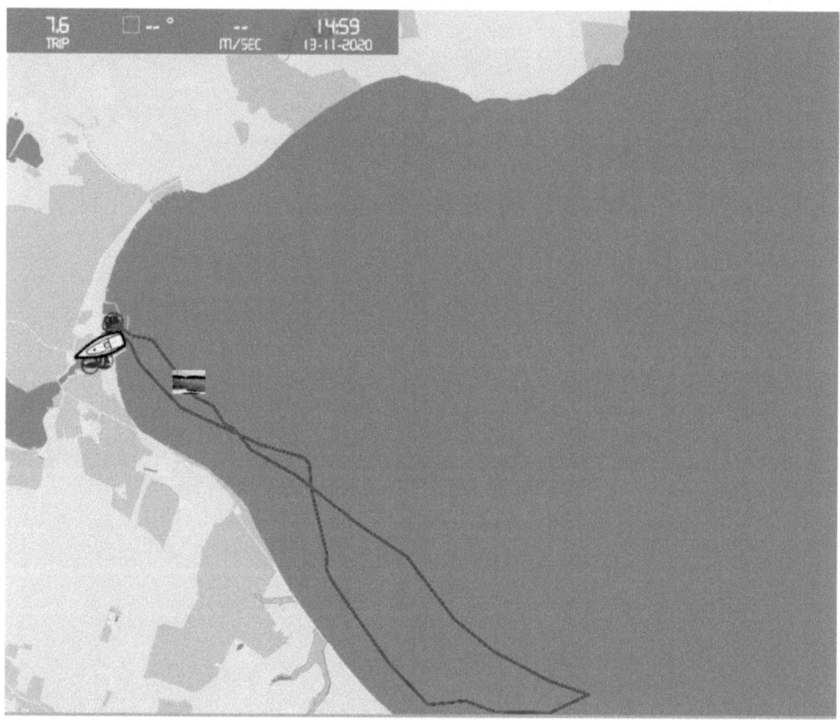

fandt en LED campinglampe frem til at vise vores tilstedeværelse. Ikke så langt væk gled en skygge forbi på den blæksorte baggrund - en kajakroer. Lars havde kommandoen på hele turen.

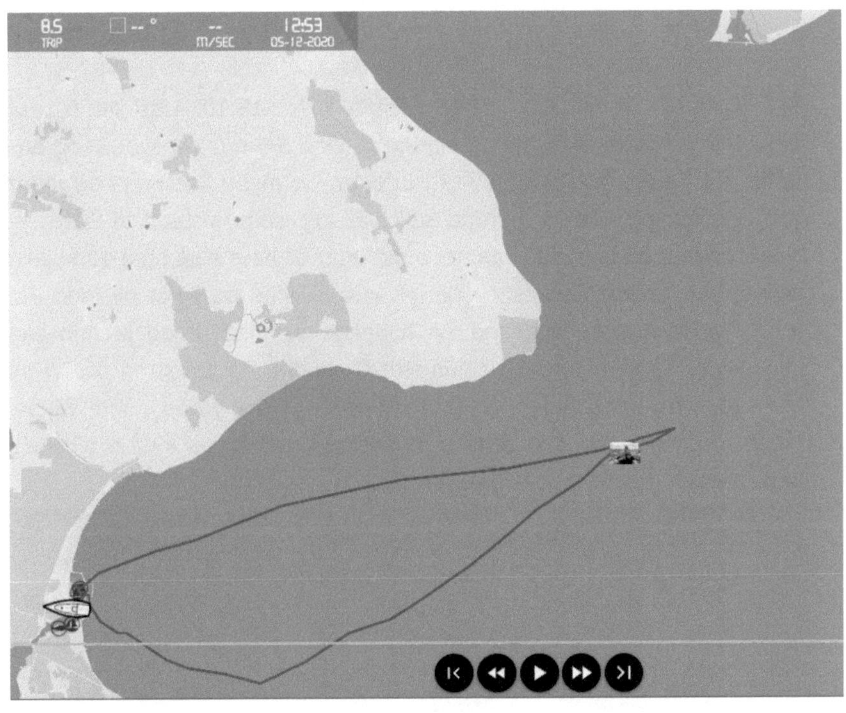

S/Y Elisabeth. Afgik KTM 12:15. Anløb KTM. 15:10. Udsejlet 8,1 sømil. Besætning: Franziska, Freja og Martin W. Vind 5-6 m/s fra syd. 3^0 og en halv times sol. Ideelt vejr til at sejle i Hurley'en og med både Freja og Franziska som besætning var vi hurtigt sejlklare og kom afsted. Vi satte sejl i svajebassinet og boppede udaf mod øst efter at have hilst på 8-10 kajakroere på vej ind. Ud for Stavreshovede gik vi over stag og holdt på mod Risinge med Franziska som styrmand. Vi hyggede os med te og hjemmebag og chokolade. Så kom solen, og humøret fik endnu en lun streg op. Vi mødte klubbåden fra muslingefarmen (Kerteminde Maritime Haver), som var ved at høste muslinger, mens vi sejlede indenskærs tæt langs kysten tilbage mod Kerteminde. Virkelig en dejlig sejltur :-)

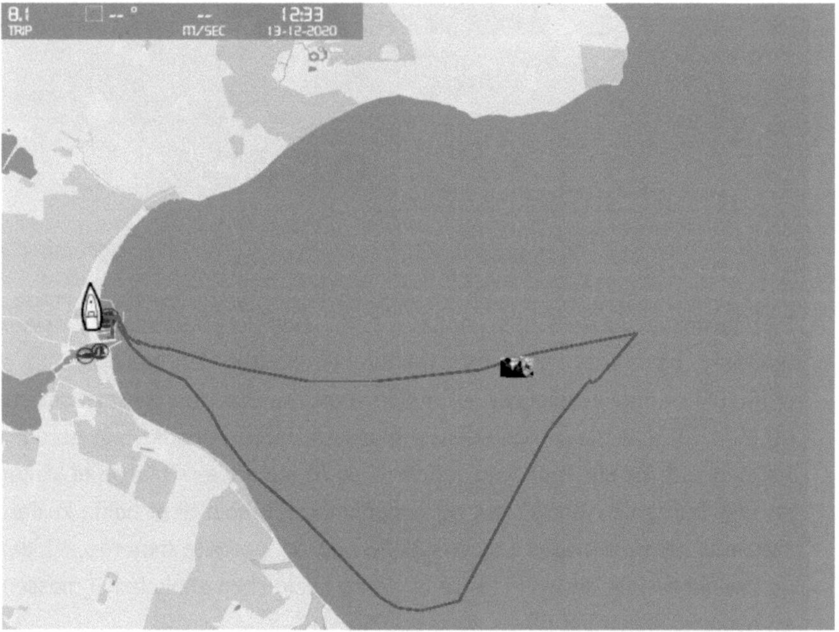

Inklusive denne sejltur har vi logget 142,2 sømil i Elisabeth i år siden september.

Afgik Ktm. 10:18. Anløb Ktm. 12:35. Udsejlet 8,2 sømil. Besætning: Freja og Martin W. 5^0, 5 m/s SV, tørt. Uden at have aftalt det havde Freja kransekage med og jeg champagnen! Så vi skålede med Sejlerdanmark via Live fra Storebælt på facebook og nød i øvrigt en frisk herlig sejltur med 2 reb i storen og krydsfok på en kurs SSØ forbi Risinge og muslingefarmen. En fin herlig tur til at fejre en god sæson. Tak for turen og skål på mange flere i 2021!

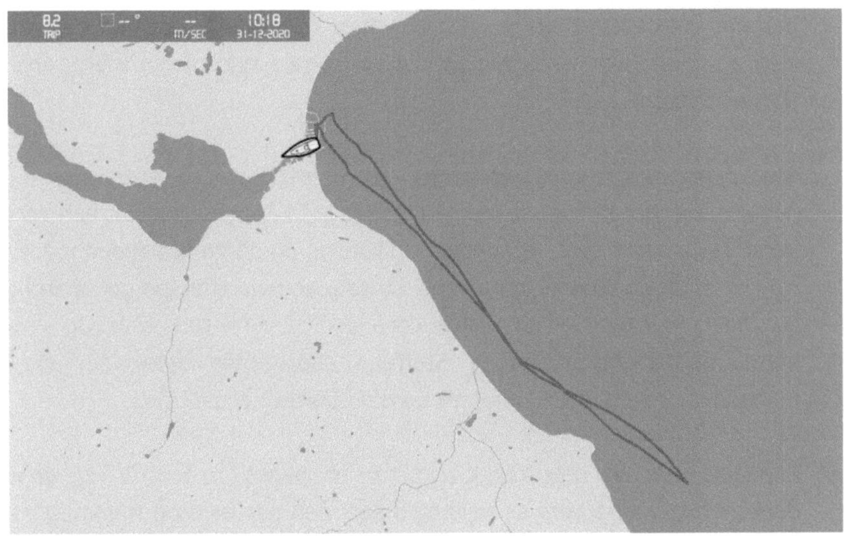

Rasmine har logget ca. 443,8 sømil i år.

6. FEEDBACK FRA MEDLEMMERNE

På online-julemødet mandag den 21. december 2020 deltog Steffen, Lars, Chrestina, Jens, Martin Steffensen, Franziska, Freja og Martin Wiedemann. Vi skålede i alt fra varmt vand med citron til rødvin og portvin med hjemmebag og lækkerier. Vi hyggede os med at snakke om oplevelserne i løbet af året, om bådene og om vores individuelle erfaringer og udbytte.

Freja har nydt at få lov til bare at sejle med uden at skulle lære noget bestemt i et bestemt tempo og har nydt at kunne stille de samme spørgsmål igen og igen. Hun har også udviklet sin sociale side meget mere, end hun havde forventet.

Steffen kom egentlig til bådelauget som et alternativ til sejlerskolerne, som har været svære at komme ind på og deltage i i år og oplever, at han vel cirka lærer det samme bare i en anden rækkefølge og på en lidt anden måde. Har nydt især navigationsrullerne med Chrestina. Han efterspørger mand-over-bord manøvrer og træning, hvilket også stod på vores todo-liste. Og så noget mere motortræning. En af Steffens allerbedste oplevelser er klart måneskinsturen med sin kone, tre børn og Chrestina i efteråret.

Chrestina har til dels meldt sig for at banke rusten af et gammelt duelighedsbevis og lære at sejle med sejl men har først og fremmest fundet et frirum for en hård periode i familien. Hun har nydt bare at kunne lægge det bag sig ude på vandet og nyde sejladserne og samværet i det hele taget. Chrestina ser frem til flere længere ture næste år.

Lars' største udbytte af være med har helt klart været at møde Chrestina, men han har også virkelig sat pris på sejlturene - især de lange ture. Og så har han i øvrigt lært rigtig meget af at sejle med os andre og kom ombord i bådelauget som nybagt skipper på sin egen Hurley 22, som i efteråret blev erstattet af en flot Bandholm 24, som han sejlede hjem med sin far fra Höganäs i Sydsverige. Vil rigtig gerne på flere lange ture og weekendture.

Martin Steffensen blev ret tidligt en del af ejerlauget og er utroligt glad for at være en del af bådelauget, selvom han slet ikke har sejlet i nogle af bådene endnu. Men det glæder han sig i øvrigt stadig til. Martin har en stor kombi sejljolle på en trailer i Nyborg, som han gerne låner til bådelauget. Og så er han så heldig nu at have to dejlige sejlbåde i den absolut familievenlige klasse, og hans Grinde Penelope af Nyborg kan lejes af bådelaugets medlemmer i sommerferien til en billig pris, forudsat at man har fået skipperstatus i bådelauget. Han mener i øvrigt, at det rigtige antal både at eje altid er dem man har + 1.

Franziska skrev forleden til mig, at det var hendes bedste beslutning i 2020 at melde sig ind i bådelauget. Hun fremhæver Romsø rundt turene som noget af det bedste og elsker at få lov at lære i sit eget tempo. Et ønske for det kommende år er en tur til Romsø med landgang på øen.

Jens er meget fortaler for det, han kalder hyggedage på vandet - måske med badning - f.eks. i våddragter og så at inddrage andre slags både, som flerskrogsbåde. Han og brorens nyerhvervede Distans 52 katamaran kunne vi få lov at prøve i det nye år og opleve sejlads fra en turpræget men stadig ret hurtig åben katamaran.

7. BÅDELAUGET I PRESSEN

Året igennem har vi haft held til at få noget presseomtale i flere omgange. Første gang i Kjerteminde Avis den 9. juli 2020:

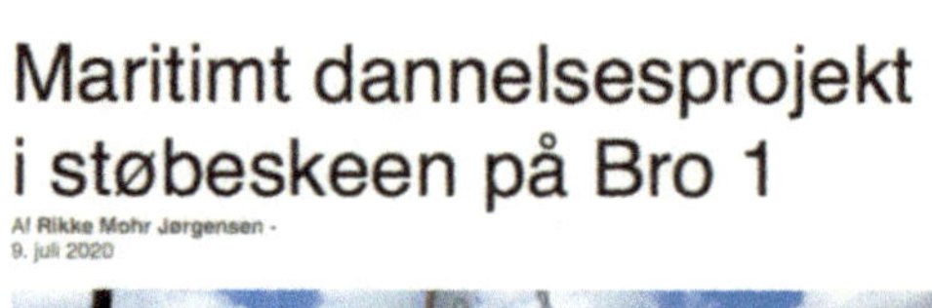

Foto: Kerteminde Bådelaug

Kerteminde Bådelaug – sådan hedder et nyt projekt der skal få flere til at interessere sig for sejlsporten – og man behøver ikke selv at have en båd, for det sørger bådelauget for.

Fra artiklen: "Vi vil gerne kunne byde unge, gamle og dem midt imellem velkommen som medlem," siger en af ankermændene bag projektet, Martin Anker Wiedemann, der selv har sejlet i mange år. Ligeså har de andre fire, som er med til at starte bådelauget op. I alt har de tilsammen 200 års sejlererfaring!

"Vi er i øjeblikket fire medlemmer, og vi har kontakt til fire andre, som er interesserede, så vi er stille og roligt ved at komme fra start. Bådelauget er til for, at man kan lære at sejle uden at have særlige forudsætninger, eller bare sejle uden at skulle anskaffe sig sin egen båd. Vi har indkøbt en gammel glasfiberbåd og sejlet den hjem til Kerteminde fra Vordingborg, og den lægger vi ud med. Meningen er så, at vi fire garvede, som danner basis for lauget, kan lære andre om søsportens regler og om, hvordan man begår sig på havet og blandt sejlere."

Det maritime dannelsesprojekt

"Et andet formål er at lære, hvordan man begår sig på havet, og hvad der er god adfærd." Fortsætter Martin Anker Wiedemann. "Den moderne generation kender ikke den sejlerlitteratur, der har dannet grunden for, at vi andre har lært, hvordan man gør. Og eftersom vi ikke er en sejlerskole, så lærer medlemmerne om den gode adfærd og sejlsporten generelt gennem vores formidling. For eksempel at man skal tage flaget ned ved solnedgang, og hvordan man holder en god tone i forhold til andre sejlere."

"Meningen er, at det skal være uformelt uden løftede pegefingre. Ingen krav om deltagelse i kapsejlads." Understreger Martin Wiedemann. "Vi plejer at grine af, hvorvidt sejlsporten er en sport for ensomme gamle mænd, eller en ensom sport for gamle mænd. Derfor er tanken også, at det skal blive til fire til seks både på sigt, således at man let kan tage ud at sejle sammen." Slutter Martin Wiedemann. ⌘

Duetten Rasmine med frisk besætning i begyndelsen af sæsonen. Ved roret skipper Christina Halager Thomsen. Foto Martin Wiedemann.

Artikel af Kim Jørstad fra Kjerteminde Avis den 13. oktober 2020

Uddrag: "Denne sommer fik sejlermiljøet i Kerteminde en spændende nyskabelse i form af Kerteminde Bådelaug, hvor alle, der har lyst til at sejle,

kan være med, uanset om de skal lære det først og uanset, om de selv har en
båd. Lauget stiller båd til rådighed, med erfarne skippere."

"Man kan være med i lauget uden at have sejlererfaring. Aldersgrænsen er 13
år. En af idéerne er, at flere skal have mulighed for at lære at sejle og at have
oplevelsen af at kunne føre sit skib. Man lærer det ved at sejle sammen med
erfarne besætninger og skippere, en slags sidemandsoplæring. Man lærer
også, at der er flere måder at gøre det på."

De 13 personer, der indtil videre er med i lauget, er en forholdsvis stille start,
erkender Martin Wiedemann. "Men vi har heller ikke gjort meget for at gøre
opmærksom på os selv. Flere skal nok komme til efterhånden, og
ambitionerne for laugets udvikling fejler ikke noget."

"Vores ambition med de både vi har nu, er op til cirka 30 medlemmer. Vi
drømmer da om at have flere både til rådighed, gerne sådan at vi fx har to af
hver type, så kan de to både af samme type tage på tur sammen, og
deltagerne kan nemt skifte fra båd til båd. – Måske kan man også konkurrere
lidt i al fredsommelighed, selv om kapsejlads ikke er en del af laugets ide."
Understreger Martin.   ⌘

Artikel fra Minbaad.dk 15. november 2020

Bådelauget i Kerteminde vil bevare glasfiberens guldalderbåde fra 60'erne og 70'erne

Formålet med bådelauget er for det første fællesskab på tværs af køn og alder og for det andet at bevare glasfiberens guldalderbåde fra 1960'erne og -70'erne. Derudover ønsker lauget at fremme maritim dannelse, herunder at man lærer at begå sig til søs og i havn, tage ansvar og forstå, hvad det vil sige at være i samme båd.

Af Troels Lykke | 15-11-2020 17:52

På Bro 1 i Kerteminde er der et godt miljø for småbåde, og det er kun blevet bedre. Her findes fine eksemplarer af klassiske småbåde, ligesom broen naturligvis er hjemsted for det meste af Folkebådsflåden i Kerteminde.

Fra det maritime bådmagasin minbaad.dk

Side 1 af 5

Gengivelse af artiklen i sin helhed:

Bådelauget i Kerteminde vil bevare glasfiberens guldalderbåde fra 60'erne og 70'erne

Formålet med bådelauget er for det første fællesskab på tværs af køn og alder og for det andet at bevare glasfiberens guldalderbåde fra 1960'erne og -70'erne. Derudover ønsker lauget at fremme maritim dannelse, herunder at man lærer at begå sig til søs og i havn, tage ansvar og forstå, hvad det vil sige at være i samme båd.

Af Troels Lykke | 15-11-2020 17:52

På Bro 1 i Kerteminde er der et godt miljø for småbåde, og det er kun blevet bedre. Her findes fine eksemplarer af klassiske småbåde, ligesom broen naturligvis er hjemsted for det meste af Folkebådsflåden i Kerteminde. Siden juli er der kommet yderligere aktivitet på broen med Bådelauget Kerteminde, fortæller medstifterne Jens Wellejus og Martin Wiedemann til minbaad.dk.

Unge fik ilddåb

Bådelauget er stiftet af en gruppe sejlere med masser af sejlerfaring, som er gået sammen om en vision om sejlads som et tilgængeligt fællesskab for alle, uanset deres vej ind i sejlsporten, alder eller køn.

Altså et interessefællesskab på tværs, som ikke er så almindeligt i mange af de fritidsaktiviteter, vi ellers har til rådighed. Hvis du er 13 år eller ældre, er du velkommen ombord.

Siden starten af juli, hvor bådelauget købte en Duet 25 i Vordingborg og sejlede den hjem som flagskib og foreløbig eneste, er bådelauget vokset til i alt 14 mennesker, og der er blevet sejlet godt 600 sømil i de nu to både. En Hurley 18 blev leveret tilbage fra et langtidsudlån og sejlet fra Køge til Kerteminde af to unge sejlere, der dermed fik deres ilddåb udi en 120 sømils ekspedition.

Der er blevet sejlet flittigt: Typisk to gange om ugen gennem det meste af sæsonen, og der sejles vinteren igennem.

I takt med det svindende lys er besætningerne blevet vant til at sejle den sidste time i efterårsmørket, og de mange naturoplevelser, gode snakke ombord og to weekendture har virkelig rystet laugsfællerne sammen i et positivt harmonisk fællesskab.

Tre aktive skippere

Bådelauget har udklækket den første skipper blandt medlemmerne i form af Chrestina Halager Thomsen, som i dag også indgår i det stiftende ejerlaug. Dermed har lauget i øjeblikket tre aktive skippere, der gør dem i stand til at tilbyde masser af muligheder for at komme ud at sejle. Sømandskab, boathandling, sejltrim og navigation bliver trænet og udviklet sidemandsoplært og i forhold til den enkeltes tempo og ambition. Bådelauget har netop indgået en aftale med spejderne i Kerteminde og fået overdraget deres to både, som henstod ubenyttet i årevis. Den ene bliver skrottet, mens den anden vil indgå i den aktive flåde som søsterskib til bådelaugets Hurley 18. En Drabant 22 er en fjerde båd, som skal restaureres i vinter.

Da nogle af medstifterne Jens Wellejus og Martin Wiedemann forleden gjorde status, var det med konstateringen, at medlemmerne er godt opdraget allerede: De skriver trofast logbog efter hver tur, tracker turene på Keepsailing og bruger kort og kompas. Der sejles fortsat på samme opladning af batteriet ombord til lanterner og kahytsbelysning.

Ingen sejlklub

Formålet med initiativet er ikke at gå hverken sejlklubber eller sejlerskoler i bedene.

- Vi er hverken det ene eller det andet. Men vi er et velment direkte fællesskab omkring nogle fine gamle både, som vi holder af, og man kan også lære at sejle sammen med os, forklarer lauget til Minbaad.dk.
Skulle nogle føle sig ansporet til at gå til eksamen og tage et duelighedsbevis på et tidspunkt, vil stifterne blot være glade og stolte over at have befordret deres udvikling.

Formålet er nemlig for det første: Fællesskab på tværs af køn og alder, dernæst bevaring af glasfiberens guldalderbåde fra 1960'erne og -70'erne, mens det sidste mål omhandler fremmelse af maritim dannelse. En dannelse, der blandt andet indbefatter, at man lærer at begå sig til søs og i havn, tage ansvar og forstå, hvad det vil sige at være i samme båd.

Bådelauget sender ofte "live fra Storebælt" på Facebook, når de er på tur, og formidler gladeligt deres oplevelser på sociale medier til andre interesserede. Målet for 2021 er at nå op på i alt 20-25 medlemmer, og der er kapacitet til cirka 40 i den kommende sæson.

Ambitionen er at videreudvikle konceptet og skalere det til andre havnebyer med små celler á 2-4 både og mulighed for at komme på "taskesejlads" hos hinanden og låne både i andre egne af Danmark i weekenderne.

Fra bog til virkelighed

Bådelauget blev til som en realisering af Martin Wiedemanns vision om, at sejlglæden er ligefrem proportional med lidenheden af båden, som er hele omdrejningspunktet i hans bog Pocket Cruising & Mikroeventyr fra 2019.

Målet er at genskabe respekten for og glæden ved de mange fine småbåde fra 1960'erne og -70'erne og dermed bevare dem og give dem nyt liv og værdighed. Bogen udgives i december i en udvidet udgave på engelsk.   ⌘

Online bådmagasinet Minbaad omtalte igen den 2. december 2020 bådelauget

Små sejlbåde: Bandholm 24 er en hårdtvejrssejler men langsom i let vind

Den klassiske, harmoniske Bandholm 24, designet af Knud Olsen i 1971, har ry for at leve op til værftets motto "hurtig, sikker og solid". - Bandholm 24 er en hårdtvejrssejler, men den bevæger sig behageligt i søen. Under 5 m/s står den næsten stille, siger en Bandholm 24-ejer.

Af Troels Lykke | 02-12-2020 09:33

Bandholm 24 er i den grad velsejlende, har ry for at være en hurtig båd og stadig en værdsat klassiker og brugtbåd.

Den er indbegrebet af en klassisk, smuk tursejlbåd og er en pocket cruiser. Der er bygget over 300 både, fortæller den fynske sejler og forfatter Martin Anker Wiedemann i sin bog 'Pocket Cruising og Microeventyr - et enkelt sejlerliv uden lommesmerter'..

Lars Skaarup købte også en Bandholm 24

I Bådelauget Kerteminde er filosofien at finde fællesskab i glæden ved klassikere fra glasfiberbådenes guldalder i 1960'erne og 70'erne, og da Lars Skaarup fra Kerteminde blev medlem, stod han midt i at være nybagt bådejer med en Hurley 22, der viste sig at være et lidt større projekt, end han følte sig klar til med sine forudsætninger.

Derfor tog han imod tilbuddet om at sejle med i Bådelauget og få større fortrolighed med at være skipper og bådejer.

Han var ikke sen til at lade sig inspirere og kastede hurtigt sin kærlighed på Bandholm 24 og begyndte at lede efter en.

i forbindelse i en artikel om Lars Skaarups nye båd Bandholm 24:

Uddrag fra artiklen: **Små sejlbåde: Bandholm 24 er en hårdtvejrssejler men langsom i let vind**

Den klassiske, harmoniske Bandholm 24, designet af Knud Olsen i 1971, har ry for at leve op til værftets motto "hurtig, sikker og solid". - Bandholm 24 er en hårdtvejrssejler, men den bevæger sig behageligt i søen. Under 5 m/s står den næsten stille, siger en Bandholm 24-ejer.

Af Troels Lykke | 02-12-2020 09:33

Bandholm 24 er i den grad velsejlende, har ry for at være en hurtig båd og stadig en værdsat klassiker og brugtbåd.

Den er indbegrebet af en klassisk, smuk tursejlbåd og er en pocket cruiser. Der er bygget over 300 både, fortæller den fynske sejler og forfatter Martin Anker Wiedemann i sin bog 'Pocket Cruising og Microeventyr - et enkelt sejlerliv uden lommesmerter'..

Lars Skaarup købte også en Bandholm 24

I Bådelauget Kerteminde er filosofien at finde fællesskab i glæden ved klassikere fra glasfiberbådenes guldalder i 1960'erne og 70'erne, og da Lars Skaarup fra Kerteminde blev medlem, stod han midt i at være nybagt bådejer med en Hurley 22, der viste sig at være et lidt større projekt, end han følte sig klar til med sine forudsætninger.

Derfor tog han imod tilbuddet om at sejle med i Bådelauget og få større fortrolighed med at være skipper og bådejer.

Han var ikke sen til at lade sig inspirere og kastede hurtigt sin kærlighed på Bandholm 24 og begyndte at lede efter en.

Han fandt en et godt stykke nordpå lang Sveriges vestkyst og gav hånd på et køb i efteråret og fik den leveret til Höganäs på vestkysten, hvor den blev rigget til. Han sejlede den hjem til Kerteminde med sin far over en lang weekend.

Solidt bygget

Båden er solid, velholdt og veludstyret med gode sejl og en fin rodrig. Den emmer af bådebyggerkvalitet om læ, og bådelaugets medstifter Jens Wellejus var fuld af lovord til bådens formidable fine rig.

Sammen med Martin Wiedemann og en af Lars' venner var de fire ude på Storebælt på en testtur i regn og rusk en dag med 5-9 m/s og lidt sø. Med en krydsfok og fuldt storsejl viste den fine Bandholm 24 sig fra sin allerbedste side. Bløde, rolige bevægelser i sø uden at plaske og fuld kontrol og let på roret.

Man har fornemmelsen af en tryg båd, der vil bringe én lige nøjagtigt derhen, hvor man har lyst til at komme. Den er hyggelig, velindrettet, funktionel og velsejlende. Men først og fremmest er den en af de klassisk smukkeste både fra sin samtid.

Forfatter Martin Anker Wiedemann fra Kerteminde siger: "I forarbejdet til bogen Pocket Cruising og Mikroeventyr fik jeg af Knud Olsens søn Lars Olsen lov til at bruge tegningsmateriale fra Knud Olsen, så jeg har rammet Bandholm 24'eren ind og hængt den op i min stue. Nu går jeg bare og venter på, at Lars snart giver en tur i sin Bandholm 24 igen."

Bandholm 24 fra 1971
Længde: 7,2 m
Bredde: 2,3 m
Dybgang: 1,3 m
Vægt: 2.200 kg
Krydsstel: 23 m^2

Artikel fra Grinde Nyt - Medlemsmagasin for Grindeklubben december 2020:

I samme båd

Af Martin Anker Wiedemann

Med udgivelsen af min bog Pocket Cruising & Mikroeventyr sidste år kom også ideen om at skabe et aktivt uformelt fællesskab af sejlere, der fandt sammen på tværs af alder og køn, hvilket ikke mange fritidsaktiviteter tilbyder.

Mange af os (jeg selv undtaget) er opflasket i en optimistjolle og forældrenes båd og har fået maritim dannelse ind med modermælken.

I disse år kommer mange nye sejlere ind i sejlsporten og starter ofte i undselige småbåde - past their prime. Det er forbundet med mange overraskelser (og nej, til søs er overraskelser langt fra noget, man ønsker sig), uforudsete udgifter og en hård læringskurve.

Sejlerskolerne og sejlklubberne er bedst indrettet til traditionelle måder at blive sejler på, og der manglede en dimension.

Derfor startede jeg og en gruppe på 5 mænd og 1 kvinde i forsommeren et bådelaug og inviterede håbefulde sejleraspiranter til at blive medlem. Med cirka 14 i alt er vi nu godt henne på 1. sæson og har lagt små 600 sømil i kølvandet på de to både, vi har i søen: En Duet 25 fra 1982 og en Hurley 18 fra 1972. Vi har en Drabant 22 på bedding - bogstavelig talt og nok en Hurley 18. Gæt en gang, hvilke af dem vi skal sejle matchrace i!

Duetten sejler så godt med sine 38 år gamle sejl, så det er en drøm. Som Folkebåden - bare bedre. Hurley'en sejler rigtig fint for sin beskedne størrelse omend på en ældre bådstypes præmisser. Også med 50 grader til vinden kommer man ganske fint frem.

Hovedsagen er, at vi har formået at samle nogle virkelig dejlige mennesker - højest forskellige - men forenet i glæden ved at sejle og lære og opleve sammen med andre.

Der er gået lidt konkurrence i, hvem der har set marsvin, sæler, skarver på fisketur og fiskehejrer, ligesom vi har mødt og hilst på Søværnet ved at kippe med flaget. Vi tager det hele ind og nyder det.

Nu hvor dagtimerne svinder, sejler vi ofte den sidste time i mørke på vej ind, hvilket har en særlig charme, og laugsfællerne skriver med største selvfølgelighed logbog og navigerer med papirkort og pejlekompas.

Vi har været på to weekendture, og de to overførselssejladser har også været små ekspeditioner, da bådene skulle bringes hjem til nære kyster.

Specielt krydsningen af Rute T i tåge med Hurley'en var spændende. Jeg sad i "farvandsovervågningen" med Marine Traffic i den ene hånd og Keepsailing i den anden og fik guidet den lille æggeskal over, da der var et hul i trafikken.

Grinden har været standin et par gange med nysgerrige medlemmer ombord, der skulle have en reel "skibsoplevelse" ;-)

Fra den kommende sæson er vi klar til at tage imod op til 40 medlemmer i 4 både. ⌘

Bådelaugets nyhedsbrev fra 5. november 2020

Bådelauget har haft en fantastisk start siden juli måned i år og har indtil nu sammenlagt - alt iberegnet lagt over 550 sømil i kølvandet på de nu to både i aktiv indsats.

Vi er et sejlende fællesskab på i alt 14 mennesker i dag inklusive ejerlauget med Chrestina, Jens og Martin som de aktive i front. Vi har indtil nu oplevet en masse og lært hinanden at kende på kryds og tværs over de mange sejldage gennem sæsonen. At være i samme båd giver mening for alle.

Som "chief whip" har Martin Wiedemann inviteret bestyrelsen i form af Jens Wellejus og Martin Steffensen til at holde et bestyrelsesmøde 29.10., som han inviterede sig selv til at deltage i ;-) Nyhedsbrevet er faktisk en slags mødereferat

Come hell or high water

Stormsæsonen er startet, og dermed stiller det andre udfordringer for os end tidligere. Med efterårsstorme følger risikoen for forøget højvande og stormflod. Derfor stiller det krav til, at vi er opmærksomme på at holde mere øje med Rasmine og Elisabeth, så de kan ride vinteren af i forlængede forfortøjninger - og vi skal passe på, når vi entrer bådene, så vi ikke falder i vandet eller kommer til skade.

Vedligeholdelse

Hvilket fører til det næste punkt: Vedligeholdelse. Især i løbet af vinteren er der behov for at holde det grønne fra døren og skrubbe både dæk, kanter og træværk regelmæssigt. Ligesom vi skal holde øje med pressenninger og tovværk. Vi vil invitere til et par lejligheder, hvor dem der kan, kan være med til at skrubbe dæk eller lignende, ligesom vi til foråret skal have bådene på land for at spule dem i bunden og bundmale dem, vaske og polere fribordet og gå alt igennem udvendigt og indvendigt. En lidt sur tjans for de fleste bådejere at gå med alene men faktisk ret hyggeligt at gøre i fællesskab. Der er også plads til madkurv og kaffe på kanden.

Hvad sker der i løbet af vinteren?

For det første sejler vi stadig, når vejret er til det: Kun i middel vindstyrker og temperaturer over 10-12 grader, hvilket der er gode chancer for indimellem. For det andet kan vi træne boat handling: Fralægning og tillægning på andre pladser, til kaj og flydebroer samt manøvrer for motor inklusive mand over bord manøvrer. Vi er i gang med at udvikle en samling "drills" eller procedurer, som vi kan træne. Vi har allerede fået en god rutine og vane i tillægning af Rasmine og er fortrolige med at gøre det under de fleste forhold.

Vi vil under skyldig hensyntagen til coronasituationen arrangere besøg på Museet for Lystsejlads og andet beslægtet, senere forhåbentlig også SIMAC - Svendborg International Maritime Academy og til næste sommer en bådudflugt og præsentation af Kerteminde Maritime Haver.

Endelig vil vi arrangere online- og fysiske møder med varierende temaer efter jeres ønsker, som kunne være knob og stik; søvejsregler og andre af de ting, man på Søværnets Officersskole kalder "at gå til sømand." Når man skal lære de ting, der følger med at være besætning på et skib. Men det kunne også være korte oplæg af jer om emner, I er nysgerrige på eller kunne tænke jer, at vi tuner ind på sammen. Vi har nogle meget vidende og kompetente mennesker indenfor flere interessante områder at trække på i den samlede medlemskreds.

Vi har en lille ny på vej: Drabanten

Chrestinas bidrag til bådelauget er en solid men tudsegammel Drabant med en god rig og sejl, som skal renoveres fra for til agter og nu står på Bjarkes landejendom i Egense på Nordfyn. Den skal males og apteres om læ med nye køjer og skrabes og slibes udvendigt, så den kan blive malet udvendigt og på

dæk til foråret. Her vil vi høre, om der er nogle, der har lyst til at give en hånd med en dag eller to i en weekend. I arbejdssjak á 2 personer indvendigt og 2 udvendigt. Den grimme ælling skal nok blive en smuk svane med new looks, og Drabant 22 er en klassisk smuk sejlbåd fra glasfiberbådenes guldalder.

Og en endnu mindre lille ny

Vi har indgået en aftale med spejderne i Kerteminde og overtager i næste uge deres to både, hvoraf den ene er en Hurley 18, som er i ret fin stand og næsten sejlklar med gode sejl og spiler!

Fællesmøde og hyggelig sammenkomst

Corona har vendt op og ned på mange ting og tvunget os til at gentænke mange af de ting, vi regner for selvfølgelige. Derfor har det eneste fysiske møde i lang tid været sejlturene, og sådan må det også være indtil videre. Vi holder i slutningen af november et online get together, hvor så mange som muligt kan deltage og se nogle af de ansigter, der er nye eller endnu ikke kendte og have en udveksling af jeres oplevelser, drømme for det kommende år og ideer til, hvordan vi skal udvikle os.

Del dine oplevelser med en fra dit netværk

Til sidst en opfordring til at dele kendskabet til bådelauget med jeres venner og netværk. Vi øger kapaciteten og kan baseret på erfaringen fra sæsonen gå fra 5-8 medlemmer og op til 10-12 medlemmer pr. båd.
Interesserede kan ringe eller SMS'e til
Jens på +45 2828 1783 eller
Martin på +45 5370 5536

⌘

8. HVAD VI LÆRTE

Al begyndelse er svær, og det koster mere, end man tror

Historien om hønen og ægget f.eks. er dilemmaet mellem at skulle have nogle medlemmer for at kunne anskaffe en båd, men båden er nødvendig for at få medlemmerne. Alting kræver kapital. Vi er fundet af ejerlauget i dag og er ikke langt fra at kunne løbe rundt men alligevel stadig et stykke fra. Indkøb af en ny motor f.eks. og udgifter til flere udskiftninger af grej og tovværk end budgetteret samt to havnepladser sætter os tilbage økonomisk. Så trods een for alle-tilgangen fra ejerlauget, så ingen ejer mere end andre eller har flere penge i klemme, end alle kan leve med ikke at få tilbage er svær at leve op til. flere i baggrundsgruppen har puttet flere penge i for at komme ordentligt fra start. Læringen er, at man skal gøre det ordentligt, selv hvis budgettet er beskedent. Og det koster mere, end man tror.

Vi slutter aldrig på en dårlig oplevelse - fejl er skippers ansvar, når vi lykkes, er det besætningens fortjeneste

Med historien om Jens og Frejas meget underholdende men i situationen ikke særligt sjove fralægning den 17. september kommer flere læringer: Det skal være en god oplevelse, og vi skal aldrig slutte på en dårlig oplevelse. Noget om at komme op på hesten med det samme og gøre det rigtigt anden gang. Men vi lærer også noget om vores pædagogik: Vores ansvar for ikke lægge et pres eller følelse af ansvar over på dem, der sejler med os - udover deres formåen eller kompetenceniveau. Når man sejler, så sker der fejl. Vi misforstår nogle gange hinanden eller får ikke vores timing til at fungere i vendinger. Besætningsmedlemmerne skal vide, at det er okay at lave fejl, og at det er gennem vores fejl, at vi lærer og bliver bedre. En samsejlet besætning kommunikerer væsentligt mindre om manøvrer etc. men agerer som et gruppedyr, når læringen er omsat til gode rutiner.

Skipperhood - om at leve selvsikkert med uvished

Skippers ansvar. Vi har som skippere lært en del om os selv i år og om at øve et mildt men rimeligt pres på aspiranterne til skipperhood, så de kan vise, at de er klar til og føler sig i stand til at tage ansvaret på sig for en besætning og et skib. Det er indøvning af masser af rutine i boat handling. Man skal kunne håndtere og manøvrere skibet sikkert og roligt. Det er navigation: At kunne finde vej over havet og vide, hvor man er - have orientering. Og så er det at leve med usikkerhed og uvished som et vilkår. Sejler man et sted, man ikke er kendt, eller er vanskeligt at navigere, så føles det samme ansvar pludselig noget mere overvældende og angstprovokerende. Her skal man bevare roen og troen på, at man er i stand til at stå op og stå igennem, så andre også tør tro på det. Udklækningen af nye skippere skal for vores vedkommende gøre dem i stand til at planlægge og gennemføre sejladser udenfor deres komfort men indenfor deres formåen med de kompetencer, de har til rådighed. Hurley-ekspeditionen var et godt eksempel på dette for Chrestina, som lærte, at hun kunne mere, end hun troede, og at det aldrig er nogen fallit at gribe til at konsultere hjælp undervejs i en tvivlssituation, men at tvivlen er der flere gange på en lang tur og ultimativt, må man selv finde sine løsninger og træffe egne beslutninger. Fra "admiralitetets" side må vi ikke have for stor tiltro til andres formåen men være opmærksomme på, hvornår der er behov for mere støtte eller klar instruktion. Det kaldes også for empowerment, hvilket er det modsatte af blind delegering.

Overbærende tætsammenhed

Vi har lært gennem weekendture med fire voksne på tur, at når man er i samme båd i lang tid, så er man virkelig tæt og kan ikke trække sig. Man skal lære at leve med ikke bare det gode selskab men også med sider af hinanden, som kan være besværlige eller ligefrem irriterende, og hvor man ikke kan slippe væk. Det udvikler både egenskaber som selvdisciplinering, selvmoderation og overbærenhed men også evnen til at finde tavsheden sammen. Hvor kan man ellers opleve, at en samtale på et tidspunkt ebber ud og erstattes af stilhed sammen? Selvom jeg altid har holdt af mine mange soloture, så har jeg lært, at jeg næsten altid hellere vil sejle sammen med andre. Det er ganske enkelt sundt at være sammen med andre mennesker, og det lille fællesskab i en båd i bådelauget kan aldrig blive et overdrevent socialt engagement som på landjorden. Vi er simpelthen nødt til at investere i de tre relationer ombord en given dag, for at det skal blive en god tur - for alle - inklusive os selv.

Tydelig kommunikation og veltilfreds forventningsfuld pludren

Når man sejler med os, er det nok meget påfaldende, hvor let og ubesværet kommunikationen er og tilsyneladende afslappet. Er det fravær af ledelses- og beslutningsansvar? Nej, men tingene kommer næsten altid som venlige anmodninger i bydeform. Under anløb og fralægning er der ikke så meget snak men mere kollektiv opmærksomhed på processen og den enkeltes andel i det, der skal ske og skippers korte kommandoer og korte bekræftende svar eller meldinger: Fri for! Når fortøjningerne er sluppet. På! Når agterfortøjningerne er lagt på pælen under anløb, så skipper ved, om skibet er let, eller skibet er fast. Så snart vi er fri af pladsen og på rette vej ud, så begynder en almnidelig forventningsfuld småsludren ombord, der er enormt hyggelig at lytte til. Sådan en glad tilfreds forventning. Det værste alle sejlere ved, er en skipper, som råber af sin besætning. Uanset, hvad der sker, er det skippers ansvar. Og Det er en fallit, hvis man er nødt til at råbe. Derfor er læringen, at skippers kommandoer skal være tilstrækkeligt tydelige til, at det ikke er nødvendigt at råbe eller puste sig op. For der skal heller ikke herske tvivl om, at det er skipper, der bestemmer ombord. Hun eller han er den øverste myndighed ombord og har et lovgivningsmæssigt næsten uindskrænket ansvar for skibet og for besætningens liv og velfærd. Der er populært sagt kun to ting, en skipper ikke må: Kølhale besætningen (trække dem under skibets bund i et tov som straf for forseelser) eller fungere som giftefoged.

Alle både er forskellige, og vi starter altid forfra med at lære dem at kende.

Vi har også lært, at selv nok så erfarne skippere som f.eks. Jens og Martin også starter på bar bund mht. rigning og betjening af en ny båd. Selv har jeg kludret noget rundt med at rebe storsejlet, hvilket har resulteret i kluntede fejlslagne sejlsætninger. Men også at forstå, hvordan en sejlbåd gerne vil sejles for at kunne vise sine bedste sider frem er en kollektiv læring for os alle uanset erfaring. Duetten har vist sig at være netop den letsejlede godmodige båd, som er god at lære at sejle i, fordi den gør det så godt, at vi ikke for alvor kan ødelægge det som besætning. Hvorimod Hurley'en er et lille paradoks. Den har en tung kraftig rig med mange vanter og er kompliceret at skøde forsejlene ordentligt på. Den skal sejles som et meget større skib og opnår kun ordentlig balance med to sejl i kombination. Til gengæld vil den under sejlads kræve en meget opmærksom styring på grund af sin korte længde, da den ellers lynhurtigt går over stag eller i stå og er lidt sværere at få en klar fornemmelse af roret, da det sidder lidt længere inde under bunden end det agterhængslede ror på Duetten. Ingen af dem er forkerte, men de er meget forskellige.

Inddrag familien - gæster er velkomne ombord

Vi har lært, at det er en rigtig god idé at inddrage familien i det, at vi sejler i bådelauget. Steffen har haft sin kone og børn med ude en aftentur, hvilket var en meget velovervejet god aften at gøre det, hvor vejret var det pænest mulige. Sådan en oplevelse glemmer selv mindre børn aldrig, og det er så sundt at opleve, at man kan styre en stor sejlbåd og være med i sejladsen på næsten ligeværdige præmisser. Min kone har været med ude et par gange inklusive en efterårstur rundt Romsø. Hun både nød og værdsatte sejladsen og selskabet med de andre ombord og oplevelsen af at sejle tæt rundt om øst og nordsiden af øen. At deltage i bådelauget er noget, vi gør for os selv, men det udelukker ikke, at vi kan invitere vores nærmeste med en gang imellem. Gæster er altid velkomne ombord er læringen.

9. UDSIGTER FOR 2021

Til den kommende sæson vil vi have 3 både i vandet, når vi når til maj måned. Forinden skal Rasmine og Elisabeth op af vandet og renses i bunden, bundsmøres, vaskes og poleres.

Vi har en tredje båd, som skal klargøres: Hurley 18'eren fra spejderne i Kerteminde, ligesom den gamle Svendborgjolle som vi overtog fra dem skal hugges op.

Chrestinas bidrag til ejerlauget med købet af Drabant 22'eren, som står på Bjarkes landejendom på Nordfyn undergår netop nu en komplet restaurering. Ikke overraskende for den slags viste den sig at have et noget større behov for restaurering, end vi vurderede ved købet, men skrog, rig og sejl er solidt og godt. S det er bare at klø på, og den skal nok blive en fin sejlbåd, når vi er færdige hen omkring forsommeren måske.

2021 er år 2 for os, og målet er at minimum tredoble medlemstallet, så vi både kan fylde de både, vi har og få dem brugt tit og ofte. Målet er også at få flere skippere, og vi har Steffen "på bedding" til det i foråret / forsommeren, samt nye medlemmer på vej ind med gode kompetencer.

I vinterens løb vil vi lave en plan for at skalere bådelauget op til næste niveau: En lokation mere i det sydfynske f.eks. og gøre os til at gå et niveau op i bådkvalitet og pris. Samt gøre bådelauget til en del af en overbygning, der organiserer ældre småbåde fra 1960'erne og 70'erne op til 27-30 fod. Ejere af Drabant, Bandholmbåde m.fl. har ikke deres egen organisation i dag, og gennem en organisering af disse i en stor fællesforening, vil vi kunne tilbyde både et fællesskab, en bevarelse af viden og dokumentation og kunne arrangere træf for andre oldtimere som vores både og sikre et bedre rekrutteringsgrundlag.

Vi har også drøftet i bestyrelsen at åbne op for et passivt medlemsskab af bådelauget som en måde at støtte vores aktiviteter på. For at realisere dette har vi brug for kapital, og det er hensigten at søge fondsmidler til at være i stand til f.eks. at købe et par Nordisk Folkebåde eller andre i prisklassen lige over de både, vi i opstarten er i stand til at mønstre. Kun på den måde vil vi kunne leve op til en tilstrækkelig mangfoldighed af både, så vores medlemmer kan boltre sig i kremen af glasfiberbådenes guldalder på tværs af landet.

Når vi udvider med flere lokale bådelaug, vil vi kunne nyde godt at at booke os ind på sejlture med andre i Limfjorden, Øresund, Sønderborg og andre spændende steder med herlige både og mennesker. Total frihed til at sejle, hvor man har lyst uden at skulle bruge det meste af sommerferie på at nå derhen ;-)

Også for at fremme disse formål men mest for hinandens skyld vil vi også i det kommende år være aktive i markedsføringen på facebook med både historier og billeder og flere "Live fra Storebælt" indslag, som i snit bliver set ml. 3-4.000 gange. Og selvfølgelig tracke så mange ture som muligt på Keepsailing.

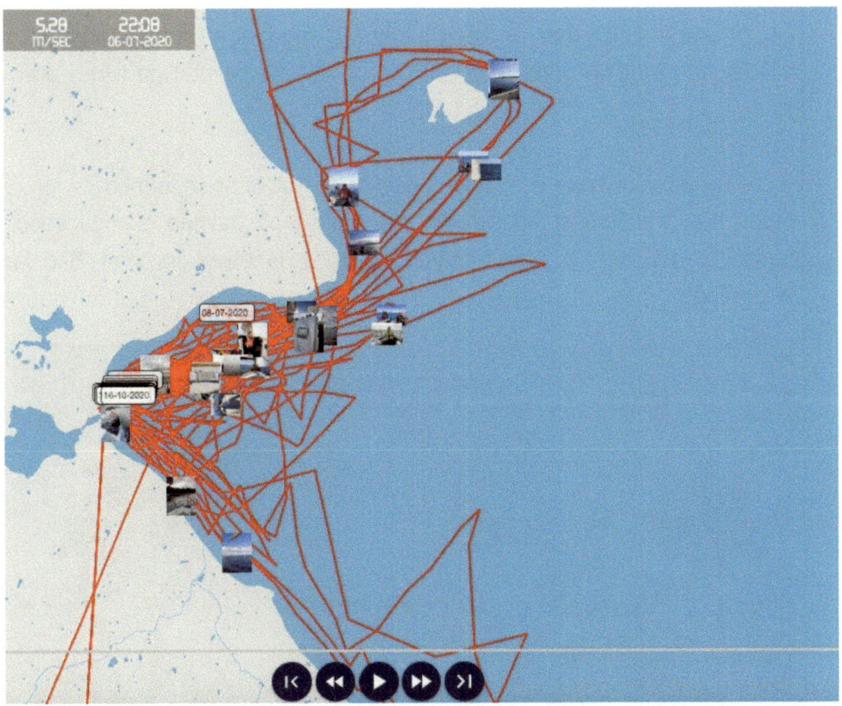

Her er Rasmines elektroniske logbog for 2020 på een gang

9. MASSER AF BILLEDER

Lad os nyde en masse flere gode billeder fra bådelaugets første år.

Tak til alle medlemmer af bådelauget og ejerlauget for bidrag i form af billeder, historier og gode ture, snakke og snacks på utallige ture i året, der gik.

Skulle du efter at have læst denne bog have lyst til at sejle med os, og er du endnu ikke medlem af bådelauget, så find os på havnen eller facebook. Vi holder til på bro 1 i Kerteminde, samt i facebookgruppen Bådelauget Kerteminde.

Mette og Franziska

"Sejlene bestemmer kursen - ikke vinden" - J. W. von Goethe	"På havet lærte jeg, hvor lidt et menneske behøver - ikke hvor meget" - Ukendt	"Læg din kurs efter stjerne og ikke efter lyset fra ethvert skib, der passerer" - Omar N. Bradley	"Et skib er sikkert i havnen. Men det er ikke det, skibe er bygget til" - John Shedd
"Den der besejler Nilen, må have sejl vævet af tålmodighed" - William Golding	"Smult vande gør ingen fuldbefaren sejler" - Franklin D. Roosevelt	"Vinden og bølgerne er altid på den dygtigste sømands side" - Edmund Gibbon	"Hvis man ikke ved, til hvilken havn man sejler, er ingen vind gunstig" - Seneca
"Vi må befri os selv fra håbet om, at søen vil lægge sig og lære at sejle i hård vind" - Aristoteles Onassis	"Pessimisten klager over vinden; optimisten forventer, at den skifter; realisten justerer sejlene" - William Arthur Ward	"Havet er blot legemliggørelsen af en overnaturlig vidunderlig eksistens" - Jules Verne	"Kahytten på en lille yacht er i sandhed en vidunderlig ting; ikke alene vil den give dig ly for en storm, men også for andre problemer i livet er den et sikkert tilflugtssted" - Francis Herreshoff
"Kuren for alting er saltvand, sved, tårer eller havet" - Isak Dinesen	"En sejler er en kunstner, hvis medie er vinden" - Webb Chiles	"Dagene går med glæde, hvorend mit skib sejler" - Joshua Slocum	"For at nå i havn må vi sejle. Ikke ligge for anker og ikke drive for vind og vejr" - Ukendt
"Det vidunderlige ved tursejlads er, at planlægning oftest viser sig til ringe nytte" - Dom Degnon	"Livet er et skibbrud, men vi skal ikke glemme at synge i redningsbådene" - Voltaire	"Vil du kende jordens alder, så se havet i ansigtet under en storm" - Joseph Conrad	"Man skal ikke sejle langt. Man skal sejle godt" - Peer Bruun

Vi har set ikke så få solnedgange i sensommeren og efteråret

Mette, Lars, Franziska og Chrestina
Herunder: Lars "har den"

Lars og Chrestina
Herunder: Chrestina

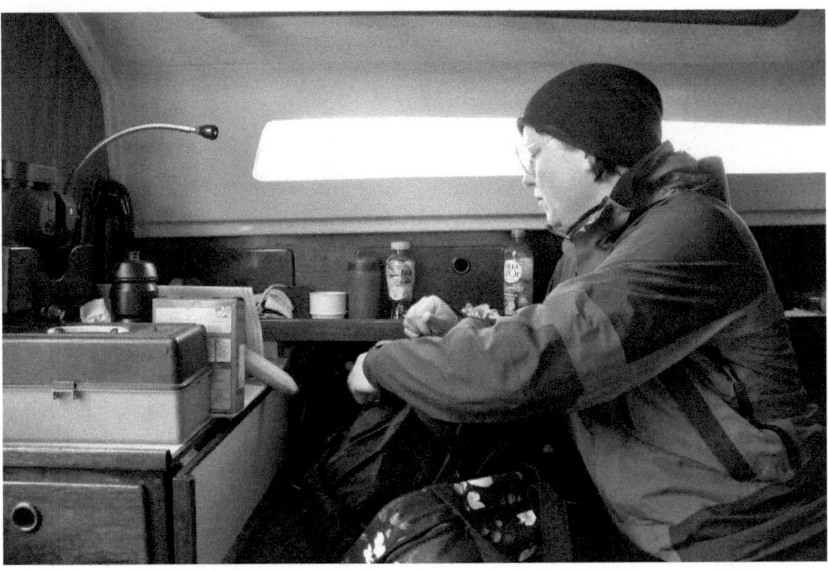

Franziska "har den"

108

Chrestina, Steffen
Herunder: Chrestina, Martin

Martin
Herunder: Drabant 22'eren, som vi fandt den i nærheden af Sønderborg.

Elisabeth anløber Kerteminde efter 116 sømil med Chrestina og Lars

Så sjovt syntes Franziska det var at styre Elisabeth i en frisk vind i december. Herunder: Kystlinien mellem Risinge og Lundsgårdskovens klint er så smuk i det svindende dagslys 20 minutter før solnedgang

Lars og Chrestina på solnedgangstur i Elisabeth. Ren langfartsrevival for de
to ekspeditionsdeltagere i overførselsejladsen med den lille Hurley.

Chrestina og Martin
Franziska er dybt koncentreret ved roret

Martin, Franziska og Steffen

Lars' fine Bandholm 24 i eftermiddagssolen

"Mandehullet" i form af nedgangen er et godt sted at balancere med kikkerten, når man skal koncentrere sig.
Herunder: Elisabeth på en fælles aftensejlads med Rasmine: Jens og Martin

Herunder: Rasmine blandt pastelfarvede Spækhuggere på Samsø

Rune og Chrestina i Rasmine
Herunder: Franziska på en af de utallige efterårs-skumringsture, hvor
vi sejler i mørket den sidste halve til hele time.

Mads i forgrunden og Martins Grinde
Astrid i baggrunden

Tak til bådelaugets medlemmer for logbogsoptegnelser, gode historier og billeder. Og til keepsailing.net for at gøre det muligt for os at tracke vores ture og genopleve og dele alle turene på kort og som animationer.

Copyright

Ingen dele af denne bog, billeder eller tekster må gengives eller anvendes i øvrigt uden skriftlig tilladelse fra redaktøren. Anvendte billeder er udelukkende udlånt til dette udgivelsesformål og tilhører ophavsmændene og kvinderne fra bådelauget.